Der Lern
Faktor

AF286512

Patrick Haas

Der Lern
Faktor

**Methoden für effektiveres Lernen
in Schule, Studium und Beruf**

Bibliografische Information der Deutschen Bibliothek:

Die Deutsche Bibliothek verzeichnet diese Publikation in der Deutschen Nationalbibliografie; detaillierte bibliografische Daten sind im Internet über <http://dnb.ddb.de> abrufbar.

ISBN 3-8334-2914-3

Herstellung und Verlag: Books on Demand GmbH, Norderstedt

Dieses Buch wurde im On-Demand-Verfahren hergestellt.

Nützliches zum Thema Lernen finden Sie unter:

www.lernportal.com – *besser lernen*

Inhalt

Auf ein Wort

Wirksam lernen. Dies ist eine Herausforderung, die uns ein Leben lang begleitet. Wirksam lernen bedeutet in erster Linie sich selbst zunächst als „Lerntyp" erfahren, Methoden kennenlernen, Methoden anwenden.

Erfolge in Schule, Studium und Beruf werden in hohem Maße durch das richtige, effektive Lernen oder „gewusst wie" beeinflusst. Mathematisch gesehen ist der Erfolg (E) das Produkt aus Leistung (L1) mal Lernen (L2). Als Formel ausgedrückt:

$$E = L1 \times L2$$

Leistung	=	Das Richtige tun!
Lernen	=	Das Richtige richtig tun!

In diesem Sinne ist *Lernen* der Beschleuniger und Energiespender, um größtmöglichen Erfolg zu erzielen. Dabei ist egal, wie jeder von uns seinen persönlich zu erreichenden Erfolg definiert. Lernen ist in jeder Situation der Erfolgsfaktor Nr. 1.

Dem Lernen näher kommen - nutzen Sie dabei zum Beispiel die Aspekte der Gehirnforschung. Dieses Forschungsgebiet hat in neuerer Zeit eine fulminante Aufwertung erfahren. Zu unser aller Nutzen. Die vielfältigen Erkenntnisse sind eine hervorragende Basis, Lernen überhaupt zu verstehen, Lernen als Prozess zu begreifen, Lernmethoden richtig zuzuordnen und anwenden zu können.

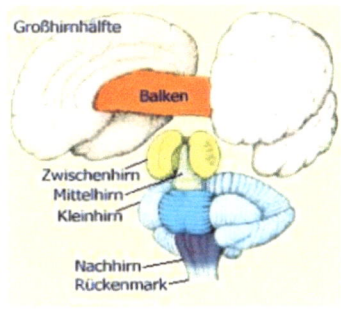
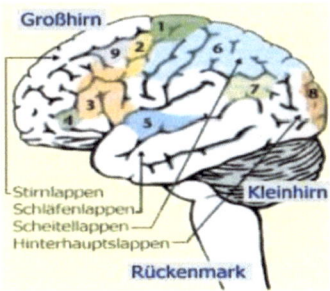

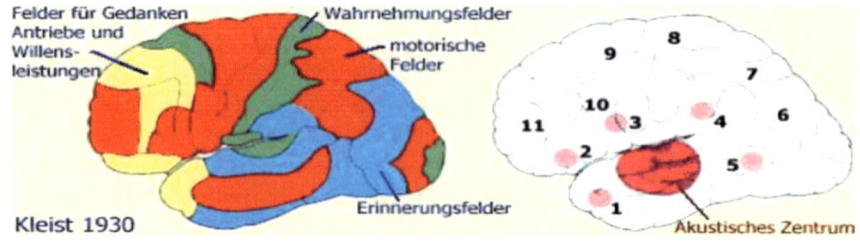

Felder für Gedanken Antriebe und Willensleistungen

Wahrnehmungsfelder

motorische Felder

Erinnerungsfelder

Kleist 1930

Akustisches Zentrum

Die 2,5 m^2 große Oberfläche des Großhirns, die Hirnrinde (Kortex) ist circa drei Millimeter dick und wird von unseren grauen Zellen gebildet, die zu vielen verschiedenen Zentren für Denken, Fühlen, Sehen, Hören, Erinnern und so weiter zusammengefasst sind. Eine Gehirnlandkarte gibt uns Informationen über die Aufgabenteilung in unserem Gehirn. Sie gibt uns Anhaltspunkte dafür, dass eine Spezialisierung innerhalb des Gehirns stattgefunden hat.

Entscheidend für das Funktionieren unseres Gehirns ist jedoch nicht die Schwerpunktbildung für bestimmte Fähigkeiten in bestimmten Teilen des Gehirns, sondern die Fähigkeit des Gehirns viele Gehirnabschnitte zeitlich parallel miteinander zu vernetzen und gleichzeitig verschiedene Informationsspeicher (Kurzzeitgedächtnis und Langzeitgedächtnis mit Bewertung nach sachlicher und gefühlsmäßiger Bedeutung aufgrund unserer Erfahrung) zu benutzen.

Wenn man sich vorstellt, dass unser Gehirn ca. 14 - 15 Milliarden Gehirnzellen (Neuronen) besitzt, von denen jede einzelne 1000 bis 10.000 Kontaktstellen (Synapsen) mit anderen Neuronen hat und das über diese ca. 100 Billionen Synapsen, die beliebig kombiniert werden können, ständig auf elektrischem und elektrochemischen Weg über Botenstoffe (Neurotransmitter) Signale ausgetauscht werden, dann kann man eigentlich nur noch ahnen, zu welchen Leistungen unser Gehirn fähig ist. Die ungeheuren Vernetzungsmöglichkeiten übersteigen unser Vorstellungsvermögen.

Der Vergleich mit einem Computer drängt sich einerseits zwar auf, muss aber eingeschränkt werden. Riesige Datenmengen muss und kann das Gehirn aufnehmen und verarbeiten. Beim Hören nehmen wir (auditiv) beispielsweise pro Sekunde ca. 1 Million Bit auf und unterscheiden dabei Töne, Klänge, Geräusche, sprachliche Äußerungen, Nuancen in Stimmen usw. Die Größenordnung dieser Informationsmenge wird deutlich, wenn man weiß, dass ca. 15.000 Bit einer Schreibmaschinenseite entsprechen. Um ein Vielfaches größer wird die Datenmenge beim Sehen. 50 Milliarden Bit können pro Sekunde über die Augen (visuell) wahrgenommen werden.

Die Geschwindigkeit der Informationsaufnahme nimmt aber ab, je tiefer die Information im Langzeitgedächtnis gespeichert wird. 10 bis 20 Sekunden, dabei teilweise nur Bruchteile von Sekunden, werden mit ca. 180 - 200 Bit pro Sekunde im Ultrakurzzeitgedächtnis gespeichert. Ins Kurzzeitgedächtnis weitergeleitet oder ganz oder teilweise durch neue Daten gelöscht wird nach einer Bewertung der Informationen 0,5 - 0,7 Bit pro Sekunde für Stunden oder Tage eine Menge von ca. 1000 - 10000 Bit. Nach einer weiteren Bewertung der Daten werden mit 0,05 Bit pro Sekunde ca. 1 Billion Daten für Jahre im Langzeitgedächtnis gespeichert. Die Zwischenablage und der Lese- und Arbeitsspeicher (RAM) müssen eine hohe Kapazität und Schnelligkeit haben, da wir ja ständig mit unseren 5 Sinnen Kontakt zur Außenwelt haben und alle Informationen gleichzeitig aufgenommen und verarbeitet oder nicht verarbeitet werden müssen, bevor sie als Informationsnetz auf unserer Gehirn-Hardware, der Festplatte, im Langzeitgedächtnis gespeichert werden.

Sie merken schon: Das diesem Buch zugrunde liegende Thema ist umfangreich. Orientierung und Schwerpunktbildung sind gefragt. Zwei Betrachtungsfelder sind sozusagen die äußere Klammer, die den Rahmen dieses Buches vorgibt. Zuerst ist es wichtig Lernen zu verstehen, Lernen als dauernden Prozess zu begreifen, der durch die verschiedensten inneren und äußeren Bedingungen bestimmt wird.

Erst dann können die verschiedenen Lernmethoden richtig eingeordnet werden. Die situationsgerechte Anwendung fällt um so leichter.

1. Lernprozesse:

Bezieht sich unmittelbar auf Lernsituationen und Lernvorgänge, um geplant und zielgerichtet mit Lehrstoff und Lernmaterialien umgehen zu können.

2. Kompetenzbildung:

Dies sind Maßnahmen, die nachhaltig erlauben, bewusst mit unbekannten Situationen umzugehen und neuste Ansätze der Gehirnforschung berücksichtigen. Das können einfache Tipps sein, aber auch komplexe Methodenwerkzeuge.

Das Gehirn aller Menschen, ob einfache Arbeiter oder geniale Forscher, weist keine wesentlichen Unterschiede auf. Die geistige Leistungsfähigkeit hängt im Wesentlichen davon ab, wie man sein Gehirn trainiert. Dabei gibt es viele Prinzipien, die sich bewährt haben. Diese werden in diesem Buch so vollständig wie möglich aufgeführt. So wichtig sind diese Techniken, weil in der heutigen Gesellschaft berufliche Entwicklung, Einkommen und Ansehen vielfach von der geistigen Leistungsfähigkeit abhängen.

Einige Ausführungen in diesem Buch sind teilweise wörtlich, geringfügig abgeändert oder zusammenfassend aus in der Literaturliste aufgeführten Büchern oder Quellen übernommen. Da im Nachhinein die Zuordnung jedoch sehr schwer fällt, wurde die eindeutige Kennzeichnung als Zitat nicht vorgenommen.

Das Buch verzichtet bewusst auf lange, theoretische Erklärungen. Im Vordergrund steht die praktische Anwendung in alltäglichen Situationen.

In diesem Sinne wünsche ich Ihnen mit der Durcharbeitung dieses Buches viel Kompetenz für Ihre Zukunft!

Halbwertzeit des Wissens

Warum Lernen wichtig ist

Lebenslanges Lernen ist zu einem der wichtigsten Begriffe unserer Gesellschaft geworden. Denn heute gilt - mehr als je zuvor - zu Recht: Nichts ist so beständig wie der Wandel. Die sich ändernden Anforderungen in Gesellschaft und Wirtschaft können wir nur bewältigen, wenn wir als Einzelpersonen, als gesellschaftliche und wirtschaftliche Gruppen fähig und gewillt sind, ständig dazuzulernen.

Wir leben in einer Zeit, in der sich das Wissen der Menschheit sehr schnell weiterentwickelt. So wird beispielsweise jede Minute eine neue chemische Formel entwickelt, alle 3 Minuten ein neuer physikalischer Zusammenhang entdeckt und alle 5 Minuten eine neue medizinische Erkenntnis gewonnen. Die Jahresabstände der Wissensverdoppelung haben sich enorm verkürzt: Während es um 1800 hundert Jahre dauerte, bis sich das Wissen verdoppelt hatte, verdoppelt sich das Wissen am Übergang ins 21. Jahrhundert in Abständen von fünf Jahren.
Die rasche Entwicklung und Verbreitung von neuem Wissen aufgrund der Globalisierung, der Dynamik der Märkte und anderer gesellschaftlicher und wirtschaftlicher Entwicklungen führt dazu, dass das einmal Gelernte schnell veraltet. In diesem Zusammenhang ist von der Halbwertzeit des Wissens die Rede. Das Lernen auf Vorrat an Schulen und auch an Hochschulen macht nur noch einen kleinen Teil des Wissens aus. Ein großer Teil von dem, was wir heute lernen, wird während des Berufslebens erworben. So stammen z. B. bei den Fachleuten für Datenverarbeitung 80% ihrer Qualifikation aus Weiterbildungen, die sie sich während ihres Berufs erworben haben.

Zum Begriff und Verständnis von "Lernen"

Viele Menschen haben, wenn sie an das Lernen denken, das Bild einer Person vor sich, die mühevoll und unter großen Anstrengungen versucht, sich einen schwierigen Stoff in den Kopf einzuhämmern. Doch das "Pauken" eines Lernstoffs ist nur ein kleiner Teil dessen, was den Lernprozess ausmacht. Bevor ein neues Wissensgebiet erarbeitet wird, müssen Lernende sich entscheiden, ob, warum und was sie lernen wollen. Diese Entscheidungsprozesse im Vorfeld der eigentlichen Wissensaneignung sind wesentlicher Teil des Lernprozesses und beeinflussen diesen stark.

Will beispielsweise ein Berufstätiger mithilfe einer Fortbildung Karriere machen, so muss er zunächst herausfinden, welche

Fortbildungsmaßnahme neue Perspektiven eröffnet. Merkt er im Laufe der Zeit, dass er sich für eine wenig zukunftsträchtige Weiterbildung entschieden hat, wird dies seine Lernmotivation und Lernenergie wesentlich beeinflussen. Das Erarbeiten neuen Wissens ist häufig überhaupt nicht mit "pauken" und "büffeln" verbunden, sondern oft gelingt es, spielerisch zu lernen. Doch solche Lernsituationen, in denen uns die Erkenntnisse zufliegen, können sich auch abwechseln mit Situationen, in denen das Lernen sehr mühsam und manchmal sogar schmerzhaft ist. Denn Lernen umfasst nicht nur die im Voraus geplanten, sondern auch die unbeabsichtigten Lernprozesse, wie das Lernen aus den Erfahrungen des Lebens. Wer sich zum Beispiel für unersetzlich hält und für längere Zeit krank wird, muss wahrscheinlich lernen, dass jeder Mensch ersetzt werden kann.

Formen des Lernens

Beispiele:

- Bei Andreas Müller landet täglich eine enorme Menge an interner und externer Post auf dem Schreibtisch. Darunter befindet sich Wichtiges und weniger Wichtiges. Manchmal lässt er die Stapel tagelang liegen, an anderen Tagen wälzt er sie von einer Seite zur anderen, weil er sich bei vielem nicht richtig entscheiden kann, ob es sich lohnt, das Material zu lesen und/oder aufzubewahren. Andreas Müller will lernen, die tägliche Informationsfülle besser und schneller zu bewältigen. Dieses Lernvorhaben ist sehr konkret, eingegrenzt und überschaubar. Er benötigt Grundlagenwissen zum Thema "Lese- und Arbeitstechniken" und etwas Übung im rationelleren Lesen, damit er dieses Wissen in eine neue Fertigkeit umwandeln kann.
- Marina Hoffmeister will sich beruflich verändern. Dazu nimmt sie an einer mehrjährigen Fortbildung teil, die an zwei Abenden pro Woche und an den Wochenenden beim Bildungsträger X. durchgeführt wird. Obwohl Marina Hoffmeister normalerweise leicht, gut und gerne lernt, fordert diese Doppelbelastung (Vollzeitstelle und Qualifizierung nach Feierabend) ihr eine Menge ab. Sie muss abends nach einem anstrengenden Tag noch aufnahmefähig sein, eine hohe Disziplin an den Tag legen und auf vieles verzichten können. Marina Hoffmeister muss, um ihr Lernvorhaben erfolgreich durchführen zu können, viel beherrschen und beherzigen:

o Sie muss überzeugt sein, dass ihr der Kurs mittelfristig nützt. Dabei hilft ihr eine klare Zielsetzung.

o Sie muss so leben, dass ihr Intellekt und ihr Körper die hohen Anforderungen bewältigen. Hilfreich ist, wenn sie sich viel bewegt und gesund ernährt, um ihre Konzentration langfristig aufrecht erhalten zu können.

o Sie kann sich ihre Lernarbeit wesentlich erleichtern, wenn sie mehrere Lerntechniken kennt und anwenden kann. So ist es hilfreich für sie, wenn sie unter anderem weiß, wie sie sich schwierige Begriffe einprägen und sie mit der Lernkartei wiederholen kann.

- Michael Steilmann hat an einer Fortbildung zum Thema Leitung von Projektteams teilgenommen. Die neuen Informationen während des Kurses hat er sofort begriffen. Auch die Übungsphasen verliefen problemlos. Mit der Moderationstechnik beispielsweise konnte er im Training souverän umgehen. Bei der ersten Feuerprobe, als er das neue Projektteam führt, läuft vieles ganz gut. Anderes wiederum klappt noch nicht so ganz: So schafft er es nicht, Markus Vielmann, einen "Vielredner-Kollegen", dazu zu bewegen, sich kurz und knapp zu fassen. Obwohl er Techniken kennen gelernt hat, mit denen Vielredner gebremst werden können, bringt Michael Steilmann es nicht über sich, seinen Kollegen zu stoppen. Zum einen findet er es unhöflich, jemanden zu unterbrechen, zum anderen hat er Angst davor, dass Markus Vielmann negativ reagieren könnte. Michael Steilmann muss lernen, mit seinen Ängsten umzugehen und zuglcich eine andere Einstellung bezüglich des Umgangs mit "Vielrednern" entwickeln. Er sollte sich klarmachen, dass es unhöflich gegenüber den anderen in der Gruppe ist, wenn eine Person so viel und andere deswegen so wenige Zeit beanspruchen können.

Obwohl sich die Lernvorhaben von Marina Hoffmeister, Michael Steilmann und Andreas Müller wesentlich voneinander unterscheiden, gibt es auch Gemeinsamkeiten: Sie alle müssen auf mehreren Ebenen lernen, um erfolgreich zu sein: Sie alle müssen einen Lernstoff zunächst begreifen (kognitives Lernen = kennen), sie müssen das Gelernte in konkrete Fertigkeiten umsetzen können (Fertigkeiten erwerben = können) und sie müssen gewillt und in der Lage sein, dies auch zu tun (affektives motivationales Lernen = wollen).

1. **Kognitives Lernen** = neues Wissen erwerben: Bei diesem Aspekt des Lernens geht es darum, einen neuen Stoff verstehen zu können. *Marina Hoffmeister* muss den neuen Lernstoff begreifen und gedanklich so verarbeiten, dass sie ihn später aus ihrem Gedächtnis wieder abrufen kann. Dasselbe gilt für Andreas Müller und Michael Steilmann.

   Mehrere Faktoren sind dabei hilfreich oder auch hinderlich: Wenn die Referenten mit unbekannten Fachbegriffen nur so um sich werfen, wird es *Marina Hoffmeister, Michael Steilmann und Andreas Müller* wesentlich schwerer fallen, den Stoff zu begreifen, als wenn sie einen Referenten haben, der sehr anschaulich und praxisnah erklären kann. Wird in einem Lerngebiet Grundlagenwissen vorausgesetzt, das *Marina Hoffmeister* als Einzige nicht hat, wird sie größere Schwierigkeiten haben, den Stoff zu verstehen als die anderen Kursteilnehmer.

2. **Fertigkeiten erwerben:** Haben *Marina Hoffmeister, Michael Steilmann und Andreas Müller* den Stoff verstanden, geht es in einem nächsten Schritt darum, dieses Wissen in Können umzusetzen. Es genügt nicht, dass Michael Steilmann weiß, wer die Moderationstechnik erfunden hat und warum sie entwickelt wurde, sondern er muss sie so einüben, dass er später in der Lage ist, sie auch in seinem realen Arbeitsfeld einzusetzen. Dasselbe gilt für die anderen. Andreas Müller wird noch nicht effektiver lesen, nur weil er weiß, wie es funktioniert. Erst wenn er sich angewöhnt hat, Fragen an den Text zu stellen, selektiv zu lesen und weitere Techniken konkret anzuwenden, wird sich sein persönliches Leseverhalten optimieren.

3. **Affektives motivationales Lernen:** Zudem muss die Bereitschaft da sein, das neu Gelernte auch anzuwenden. Das Wissen und Können muss um das Wollen ergänzt werden. Will Michael Steilmann seinen ehemaligen Kollegen nicht in seinem Redeschwall stoppen, so nützen ihm alle seine Kenntnisse und Fertigkeiten nichts. Michael Steilmann muss sich also mit seinen Gefühlen auseinandersetzen und seine Ängste vor der möglichen Reaktion des Kollegen abbauen.

Anders ausgedrückt, wir lernen mit – eine alte pädagogische Weisheit – Kopf, Herz und Hand. Erst das wirkungsvolle Zusammenspiel dieser Prozesse mündet in die erfolgreiche Umsetzung des Gelernten ein. Die Schwerpunkte bei jedem Lernprozess liegen jedoch woanders; während bei einem "Grundkurs Betriebswirtschaftslehre" für die meisten das

Verstehen des Stoffs im Mittelpunkt steht, geht es bei einem Führungstraining hauptsächlich darum, sich mit seinen Gefühlen und Einstellungen auseinanderzusetzen, um seine Persönlichkeit weiterzuentwickeln.

Definition von Lernen

Lernen kann bedeuten
- Wissen aneignen
- Neue Fertigkeiten erlernen
- Mit den eigenen Gefühlen und Gedanken umgehen können
- Soziale Kompetenzen erwerben
- Das Verhalten aufgrund der neuen Informationen, Gedanken, Gefühle, Fertigkeiten und Erfahrungen zu verändern.

Multiple Intelligenzen (nach Howard Gardner)

Gardner verfolgt die Idee der multiplen Intelligenzen, die er aus verschiedenen Studien über Wunderkinder, Hirngeschädigte, normale Erwachsene und auch über „idiots savants" entwickelt hat. Aus Ergebnissen der Neuropsychologie schließt er das Folgende: „Wenn eine bestimmte Fähigkeit durch eine Hirnläsion zerstört oder isoliert werden kann, ist ihre relative Unabhängigkeit von anderen Fähigkeiten wahrscheinlich." Von diesem Grundgedanken ausgehend, schließt er auf 9 verschiedene Intelligenzen, die aber nicht bewertet oder gegeneinander ausgespielt werden sollen. Wir möchten nun diese neun Intelligenzen kurz beschreiben.

1. Sprachliche Intelligenz
Darunter versteht Gardner die Fähigkeit, Sprache treffsicher einzusetzen, um die eigenen Gedanken auszudrücken und zu reflektieren. Die Fähigkeit andere zu verstehen, ist auch ein Bestandteil der sprachlichen Intelligenz. Diese Intelligenz findet sich häufig bei Dichtern, Schriftstellern, Journalisten, Rechtsanwälten und Sprachwissenschaftlern.

2. Musikalische Intelligenz
Die Fähigkeit, Stücke zu komponieren und aufzuführen; ein besonderes Gespür für Intonation, Rhythmik und Klang, aber auch ein subtiles Gehör dafür. Sie könnte mit anderen Intelligenzen wie der sprachlichen, räumlichen oder kinästhetischen zusammenhängen. Vertreter dieser Intelligenz sind Dirigenten, Musiker und Komponisten.

3. Logisch-mathematische Intelligenz
Diese Intelligenz beschreibt die Fähigkeit, mit Beweisketten umzugehen.

Aber auch durch Abstraktionen Ähnlichkeiten zwischen Dingen zu erkennen. Die logisch-mathematische Intelligenz bezeichnet auch die Fähigkeit mit Zahlen, Mengen und mentalen Operationen umzugehen. Gardner schreibt dieser Art von Intelligenz Wissenschaftler, Computerfachleute und auch Philosophen zu.

4. Räumliche Intelligenz
Die Fähigkeit, die sichtbare Welt akkurat wahrzunehmen, Wahrnehmungsresultate zu transformieren und abzuwandeln sowie visuelle Erfahrungen selbst in Abwesenheit physikalischer Reize nachzuschaffen. Architekten, Künstler, Bildhauer, Schachspieler, Seefahrer und auch Kartographen sind Vertreter dieser Intelligenzart.

5. Körperlich-kinästhetische Intelligenz
Unter dieser Intelligenz versteht Gardner die Beherrschung, Kontrolle und Koordination des Körpers und einzelner Körperteile. Diese Fähigkeit findet sich häufig bei Chirurgen, Sportlern, Schauspielern und Tänzern.

6. Intrapersonale Intelligenz
Impulse zu kontrollieren, eigene Grenzen zu kennen und mit den eigenen Gefühlen klug umzugehen, sind einige Charakteristika der intrapersonalen Intelligenz, die man bei Künstlern, Schauspielern und Schriftstellern oft beobachten kann.

7. Interpersonale Intelligenz
Diese Intelligenz bezieht sich auf die Mitmenschen. Es ist die Fähigkeit, andere Menschen zu verstehen und mit ihnen einfühlsam zu kommunizieren. Therapeuten, Politiker, Lehrer, Verkäufer und auch religiöse Führer sind Vertreter dieser Intelligenz.

8. Naturalistische Intelligenz
Diese Fähigkeit beschreibt, Lebendiges zu beobachten, zu unterscheiden und zu erkennen, sowie eine Sensibilität für Naturphänomene zu entwickeln. Biologen, Botaniker, Förster, Tierärzte und auch Köche zeigen diese Intelligenz häufig.

9. Existentielle Intelligenz
Diese letzte Intelligenzform noch nicht definitiv und wird als potentielle Intelligenz bezeichnet. Gardner versteht darunter: „Das Erfassen und Durchdenken von grundlegenden Fragen der Existenz. Es bedarf jedoch weiterer Belege, um zu bestimmen, ob es sich dabei um eine eigene Intelligenz handelt". Spirituelle Führer (z. B. Dalai Lama) und philosophische Denker sind Vertreter dieser Intelligenzform.

Lernen macht Spaß

Wie erreiche ich, dass mir das Lernen Spaß macht?

Sich dem Lernen öffnen

Wer der enormen Bedeutung des Lernens bewusst ist, so sollte allein diese Erkenntnis einen überzeugenden Beweggrund dafür darstellen, sich dem Lernen zu öffnen und nicht ablehnend gegenüberstehen. Die grundlegende Einsicht, dass es ohne Lernen nicht geht, weil das Lernen zur Natur des Menschen gehört, müsste bei allen Menschen eine bereitwillige Einstellung zum Lernen hervorrufen.

Lernen ist Naturgesetz

Übrigens, alles was man gern tut, macht mehr Spaß und geht leichter. Macht Lernen eigentlich Spaß? Durchaus! Stellen wir uns nur einmal vor, wie widersinnig die Natur gegen sich selbst gehandelt haben müsste, wenn das Lernen, das uns ja ein Leben lang begleitet, ausnahmslos eine unangenehme Angelegenheit wäre. Das gesamte Leben würde zu einem einzigen Ärgernis - eine katastrophale Vorstellung.

Urtrieb Neugierde

Fragen wir also noch ein bisschen weiter nach. Wie heißt denn der menschliche Urtrieb, der schon das kleine Kind immer wieder zum Lernen drängt? Es ist die Neugierde. Gemeint ist damit nicht die Neugierde, die wir später bei Menschen sehen, die sich zu stark in private Angelegenheiten einmischen. Ursprünglich bedeutet Neugierde etwas Positives. Neugierde ist wertvoll. Neugierde ist die Triebfeder des Lernens.

Wecke deine Neugierde:

So lautet eine ernstgemeinte Forderung. Eine gesunde Neugierde ist der entscheidende Antrieb, mehr wissen zu wollen, und damit ein wesentliches Motiv beim Lernen.

Warum-Frage als Ausdruck der Neugierde:

Wer genau darauf achtet wie die meisten Fragen eines Kindes beginnen hört immer wieder „warum?" Warum ist die Wiese grün? Warum ist die Sonne heiß? Warum kann unser Hund nicht sprechen? Die Warum-Frage ist der stärkste Ausdruck der kindlichen Neugier. Diese Frage als die Frage nach dem Grund, warum man etwas tut, darf nie erlöschen. Als Lernender ist es daher dringend notwendig, sich immer wieder zu fragen: Warum lerne ich eigentlich?

Die Antwort auf diese Frage dürfte dem aufmerksamen Leser nicht entgangen sein. Das Lernen stellt für jeden Menschen ein lebensnotwendiges Grundbedürfnis dar, das aus der angeborenen Neugierde erwächst, die fast wie ein positiver innerer Zwang wirkt. Diese Neugierde wird nur durch ständiges Fragen, Forschen und – eben Lernen befriedigt.

Lernen und Leistung gehören zusammen

Lernen und Leistung gehören zusammen. Beispiel: der Begriff "Lernleistung". Nicht selten verlangt Lernen von den Lernenden beträchtliche Mühe und Anstrengung. Wichtig ist allerdings die Feststellung, dass Lernleistungen häufig in demselben Maße steigen, wie die Motivation größer wird. Diese Abhängigkeit der Lernleistung von der Stärke der Motivation lässt sich oft beobachten. Wie an anderer Stelle dieses Buches noch ausgeführt wird, ist die Überlegung wichtig für die Beantwortung der Frage: Lernleistung im Alter?

Motivationstreppe

Kleine Motivationsschübe können sich in ihrer Summe sehr verstärken. Leider passiert dies auch in Richtung negativer Motivation. Hat man also einen Mißerfolg gehabt, so sollte man versuchen, auch wieder einen kleinen Erfolg zu erzielen. Etwa durch Setzen eines kleinen Lernzieles, das man dann auch erreicht oder dadurch, daß man sich auf die nächste Unterrichtsstunde besonders gut vorbereitet. Beispiel für eine steigende Motivationstreppe:

1.) Elkes 1. Chemiestunde. Sie weiß etwas.
2.) Lob des Lehrers.
3.) Das Lob veranlaßt Elke, ins Schulbuch zu schauen. Stunde läuft besser.
4.) Staunen der Freundin schmeichelt Elke.
5.) Eke macht Hausaufgaben. Elke stellt kluge Fragen.
6.) Lehrer ist überrascht. ...

Motivationserkundung

Insbesondere wenn Sie am Anfang einer längeren Lernphase stehen, sich z. B. in einer beruflichen Aufbauphase befinden, einen Berufswechsel anstreben, wird u. a. ihre Motivationslage darüber entscheiden, wie gut und erfolgreich Sie abschneiden werden. Der folgende Test soll Ihnen einen gewissen Aufschluß über Ihre Ausgangsposition geben und Sie gegebenenfalls dazu veranlassen, bestimmte Register der Selbstmotivation zu ziehen.

Hierzu Antwortsätze überlegen/aufschreiben:

1.) Bei meiner (angestrebten) beruflichen Tätigkeit freut mich, interessiert mich:

2.) Das ärgert mich/langweilt mich:

Die folgenden Fragen mit Ja/Nein beantworten. Jedesmal, wenn Sie die in Klammern angegebene Antwort geben, geben Sie sich einen Punkt. Bei einer anderen Antwort keinen Punkt. Erreichbar sind 12 Punkte (maximale Motivation). 5 Punkte sollte man mindestens bekommen, sonst sollte man dringend etwas für seine Selbstmotivation tun.

1.) Ich habe mein Berufsziel aus eigenem Antrieb gewählt. [Ja]
2.) Meine Freunde finden meine Berufswahl gut. [Ja]
3.) Ich bin recht sicher, daß ich die Ausbildung schaffe bzw. daß ich in meinem Beruf vorankomme. [Ja]
4.) Die Bereiche, die auf mich zukommen bzw. in denen ich tätig bin, interessieren mich überwiegend. [Ja]
5.) Meine Familie wird mich bei der Ausbildung unterstützen bzw. steht hinter meinem Beruf. [Ja]
6.) Ich habe mich schon vorher gerne mit einzelnen Gebieten meiner Tätigkeit beschäftigt. [Ja]
7.) Ich freue mich auf die Zusammenarbeit mit den Kollegen bzw. arbeite gerne mit ihnen zusammen. [Ja]
8.) Ich habe ein Gefühl der Unsicherheit, wenn ich daran denke, was noch so auf mich zukommt. [Nein]
9.) Ich informiere mich regelmäßig in den Medien zu Themen meines jetzigen bzw. zukünftigen Berufsfeldes. [Ja]
10.) Auch bei schlechter Bezahlung würde ich meinen jetzigen Beruf beibehalten. [Ja]
11.) Ich rede gerne mit anderen über meinen Beruf. [Ja]
12.) Wenn ich die Möglichkeit hätte, würde ich lieber etwas anderes machen. [Nein]

Erfolgsfaktoren des Lernens

Ob wir unser Lernvorhaben zum Erfolg führen können, hängt von zahlreichen Faktoren ab. Viele davon – nicht alle – haben wir selbst in der Hand. Die wichtigsten Erfolgsfaktoren, die wir selbst in der Hand haben und mit denen wir unseren Lernprozess optimieren können:

1. **Klare Zielsetzung**
    Je klarer wir wissen, was wir mit unseren Lernvorhaben erreichen wollen, desto besser funktioniert der Lernprozess. Eine deutliche Zielsetzung hilft über schwierige Phasen hinweg, beflügelt und treibt an.

2. **Hohe Motivation**
    Das, was uns wirklich interessiert, das erreichen wir meistens, auch wenn es schwierig ist. Deshalb ist die Motivation der Motor des Lernerfolgs. Vor diesem Hintergrund sollten wir unserer eigenen Lernmotivation besondere Aufmerksamkeit zukommen lassen. Ist sie abhanden gekommen, gilt es sich damit auseinanderzusetzen, Ursachen für die eigene Demotivation aufzufinden und Möglichkeiten der Selbstmotivierung zu entdecken. Wir sollten also lernen, uns in allen Lebens- und Gefühlslagen selbst zu motivieren.

3. **Adäquates Gesundheits- und Entspannungsverhalten**
    Wer kennt es nicht: In anstrengenden oder schwierigen Phasen unseres Lebens, wie es intensive Lernphasen meistens sind, vergessen wir manchmal, dass wir uns ausruhen, entspannen, bewegen und einigermaßen gesund ernähren müssen. Doch gerade in solchen Phasen ist es noch wichtiger als sonst, auf sein Gesundheits- und Entspannungsverhalten zu achten, um kurz-, mittel- und langfristig "funktionieren" zu können und zu kreativen und geistigen Leistungen fähig zu sein.

4. **Fähigkeit zur Konzentration**
    Nur wer sich gut konzentrieren kann, ist in der Lage, Lernstoff aufzunehmen. Bei Konzentrationsmängeln ist es wichtig, nach den Ursachen zu suchen und Möglichkeiten zur Abhilfe zu entdecken. Darüber hinaus gibt es auch im Alltag zahlreiche Ansatzpunkte für die Steigerung der eigenen Konzentration.

5. **Lernstrategien kennen und anwenden können**
    Das Wissen um Lerntechniken, Lernplanung und das richtige Vorgehen erleichtert die Aneignung und Wiedergabe von

Lernstoff wesentlich. Lernstrategisches Know-how ist deshalb unbedingt erforderlich, um sich das Lernen zu erleichtern.

6. **Effektives Lesen**
   Im Zentrum der Lerntechniken und –strategien steht die Fähigkeit, effektiv lesen zu können. Wenn wir effektive Lesetechniken kennen und anwenden können, erleichtern wir uns die Aufnahme und Verarbeitung von Fachstoff wesentlich.

7. **Gedächtnistechniken beherrschen**
   Die Fähigkeit, sich einfache und komplexe Zusammenhänge auch tatsächlich einprägen zu können, setzt voraus, dass wir die Funktionsweise des menschlichen Gedächtnisses kennen und Techniken und Methoden beherrschen, mit denen wir unserem Gedächtnis auf die Sprünge helfen können.

8. **Umgang mit kritischen Situationen**
   Wenn wir etwas gelernt haben, müssen wir in der Lage sein, das Gelernte in kritischen Situationen, wie Prüfungen oder wichtigen Gesprächen, auch umzusetzen. Doch manchmal sind schwierige Situationen mit so großen Ängsten und Befürchtungen verbunden, dass diese zu Erfolgsblockaden werden. Deshalb ist es wichtig, mit Ängsten und Befürchtungen konstruktiv umgehen zu können.

Je nach Lernsituation müssen wir an unterschiedlichen Punkten ansetzen, um unseren Lernerfolg zu steigern: Vielleicht gehen wir zu einem Seminar mit einer klaren Zielsetzung, hohen Motivation und Konzentration, aber es gelingt uns nicht, das dort Vermittelte richtig zu verstehen. Das heißt, an dieser Stelle müssen wir uns intensiv mit dem Fachstoff auseinandersetzen.

In einer anderen Situation macht mir vielleicht das Verstehen des Stoffs keine Probleme, doch es ist mir nicht klar, warum und wozu ich das Ganze überhaupt lernen soll. Deshalb bemühe ich mich nicht. Hier ist es sinnvoll, an der eigenen Motivation und Zielsetzung zu arbeiten.

In einer dritten Situation dagegen bin ich vielleicht so unter Anspannung und Stress, dass ich nicht in der Lage bin, zuzuhören und deshalb den Lernstoff nicht aufnehme. Hier muss es darum gehen, durch Entspannungsmethoden den Stress zu reduzieren.

Zusammenfassend heißt das: Lernen ist ein komplexer Prozess. Lernerfolg beruht nicht nur auf dem Beherrschen von Lern- und

Arbeitstechniken (Lernmanagement), vielmehr ist er auch die Folge gekonnten Umgangs mit sich selbst (Selbstmanagement). Deshalb gibt es nicht das richtige Patentrezept für alle Lernsituationen, sondern je nach Situation hilft uns Unterschiedliches weiter: Das eine Mal sollten wir an unserer Zielsetzung und Motivation arbeiten, das andere Mal dagegen "nur" wissen, wie wir beim Lesen richtig vorgehen.

Doch je mehr wir über Lern- und Selbstmanagement wissen, je mehr Methoden und Techniken wir kennen, mit denen wir uns selbst und den Lernprozess managen können, desto zielgerichteter können wir dies nutzen, um unseren Lernerfolg zu steigern.

Je systematischer wir die Erfolgsfaktoren checken und bei Bedarf daran arbeiten, desto besser wird uns das Lernen gelingen.

Lernen in Gruppen

Ein wesentlicher Teil der Lernprozesse, die wir absolvieren, findet in Gruppen statt, sei es, dass gemeinsam Projekte bearbeitet, Lernaufgaben gelöst oder Probleme bewältigt werden. Das Lernen in und mit Gruppen kann angenehmer und erfolgreicher sein als das isolierte Lernen einer Person. Der Spaß ist meist größer und die Ideen fließen besser und leichter als bei der Lernarbeit, die zu Hause allein bewältigt wird. Lernen in Gruppen kann auch dazu beitragen, unsere sozialen Kompetenzen zu erhöhen. Denn in Lerngruppen arbeiten wir nicht nur am Thema, sondern auch an unserer Teamfähigkeit. Wenn wir lernen, Gruppenprozesse konstruktiv voranzutreiben, können wir diese wertvollen Erfahrungen auch auf andere Gruppensituationen in Beruf und Freizeit übertragen.

Bei komplexen Problem- und Aufgabenstellungen haben Gruppenarbeiten besondere Vorteile gegenüber dem isolierten Arbeiten Einzelner. Denn in solchen Situationen benötigen wir nacheinander verschiedene Denkweisen: Logisch-abstraktes Denken ist gefragt, um Probleme genau zu analysieren; intuitives, kreatives Denken, um zu neuen Ideen zu gelangen und pragmatisches Denken, um zu entscheiden, welche Lösungsansätze sich am besten wie umsetzen lassen. Es gibt wenig Personen, die alle Denkweisen gleich gut beherrschen. Sind dagegen mehrere Personen mit verschiedenen Stärken in der Gruppe (der Logische, die Kreative, der Pragmatiker), ist die Wahrscheinlichkeit viel größer, dass die Gruppe insgesamt die erforderlichen Fähigkeiten abdeckt.

Damit das Lernen in Gruppen tatsächlich erfolgreich ist, müssen bestimmte Umgangsformen und Regeln eingehalten werden. Nur wenn es gelingt, konstruktiv und fair miteinander umzugehen, niemanden abzuwerten und alle einzubinden, ist das Lernen in Gruppen erfolgreich.

Je intensiver und persönlicher die Lernprozesse sind, desto mehr sollten die Gruppen darauf achten, dass sie Fähigkeiten entwickeln, auf der "Prozessebene" miteinander zu arbeiten: Sie sollten lernen, ihre eigenen Gruppenprozesse wahrzunehmen, zu reflektieren und konstruktiv zu steuern. Neben der Kenntnis von Gesprächsregeln ist dabei vor allem unser Einfühlungsvermögen, unsere Bereitschaft zuzuhören, unsere Teamfähigkeit, kurz unsere soziale und emotionale Intelligenz gefragt.

Fehler sind wichtig

Fehler sind in unserer Kultur negativ behaftet. Wer macht schon gerne Fehler. Am liebsten wären wir vollkommen. Grundsätzlich ist es auch sinnvoll und notwendig, sich selbst zu hohen Leistungen anzuspornen und möglichst perfekte Ergebnisse anzustreben. Doch der Wunsch oder der Anspruch an sich selbst, perfekt zu sein, kann auch sehr hinderlich sein: Wer sich beispielsweise aus Angst vor Fehlern nicht traut, Neues auszuprobieren und neue Erfahrungen zu machen, nimmt sich selbst viele Lernchancen.

Manchmal können wir es gar nicht vermeiden, Fehler zu machen: Wer sich z. B. auf ein neues unerforschtes Terrain wagt, kann nicht auf vorhandenes Wissen zurückgreifen; wer zum ersten Mal eine Projektgruppe leitet oder eine Präsentation vor einer großen Gruppe hält, wird nicht alles perfekt machen. In solchen Situationen ist es wichtig, sich nicht durch negative Selbstkritik zu entmutigen, sondern sich durch das Wahrnehmen dessen, was gut war oder was man gelernt hat, zu ermutigen. Nach wie vor gilt die alte Volksweisheit "Es ist noch kein Meister vom Himmel gefallen."

Wenn Sie Angst vor Fehlern haben oder gerade einen Fehler gemacht haben, machen Sie sich deshalb bewusst, dass Sie dann am meisten lernen werden, wenn Sie eine fehlerfreundliche Haltung sich selbst und anderen gegenüber einnehmen. Das „0-Fehler-Prinzip" funktioniert nicht, ist ein häufig zitiertes, aber nicht umzusetzendes Prinzip. Lernen ist nur dann möglich, wenn wir uns erlauben, Fehler zu machen und mit den Fehlern konstruktiv umzugehen. Wer Fehler zulässt und eingesteht, erreicht auch schneller und leichter gute Qualität als mit einer Haltung, in der Fehler vertuscht und zugedeckt werden, weil sie eigentlich nicht sein dürfen.

Faktor Stress

Gründe und Anzeichen von Angst

Folgende Feststellungen geben an, wie man sich in Prüfungssituationen fühlen kann. Jede Antwort mit „Ja" steht für einen Grund oder ein Anzeichen von Angst. Darüber muss man sich klar werden, um die Gründe zu beseitigen und bei Auftreten entsprechender Anzeichen geeignete Gegenmaßnahmen ergreifen zu können (z. B. Entspannungsübungen).

1. Ich bin besorgt und mache mir viele Sorgen um die Prüfung.
2. Ich fühle mich minderwertig und anderen Prüflingen unterlegen.
3. Ich fühle mich verzweifelt.
4. Ich fühle mich hilflos und ohnmächtig.
5. Ich fühle mich in die Enge getrieben.
6. Ich weiß nicht mehr, was ich tun soll.
7. Ich glaube, daß ich schlecht abschneide.
8. Ich zweifle an meiner eigenen Leistungsfähigkeit und Kompetenz.
9. Ein schlechtes Abschneiden bedeutet mir persönliche Niederlage.
10. Ich gerate in Panik.
11. Ich spüre Herzklopfen.
12. Mein Puls schlägt schneller.
13. Meine Hände sind feucht vom Schweiß.
14. Ich bin appetitlos.
15. Mir wird übel.
16. Meine Atmung wird schneller.
17. Ich muß häufig zur Toilette.
18. Mir stockt der Atem.
19. Das Herz schlägt mir bis zum Hals.
20. Ich werde blaß.
21. Ich bin angespannt.
22. Ich muß ständig umhergehen.
23. Ich bin unruhig, nervös und fahrig.
24. Meine Körperhaltung ist verkrampft.
25. Meine Stimme klingt höher als sonst.
26. Ich kann nicht still sitzen.
27. Ich komme manchmal ins Stottern.
28. Meine Hände zittern.
29. Meine Gesichtszüge sind angespannt.
30. Meine Aussprache ist undeutlich.

Stresstest

Alle Fragen können mit ja (2 P), gelegentlich (1 P) und nein (0 P) beantwortet werden. Die Punktzahlen bitte aufaddieren:

1. Haben Sie mehr als 10% über Normalgewicht?
2. Essen Sie oft Süßigkeiten?
3. Essen Sie viel fette Nahrung?
4. Haben Sie wenig Bewegung?
5. Rauchen Sie mehr als 5 Zigaretten täglich?
6. Rauchen Sie mehr als 20 Zigaretten täglich?
7. Rauchen Sie mehr als 30 Zigaretten täglich?
8. Trinken Sie täglich mehr als 3 Tassen starken Kaffee?
9. Schlafen Sie zu schlecht oder zu wenig?
10. Fühlen Sie sich morgens wie "erschlagen"?
11. Nehmen Sie Beruhigungs-, Schlafmittel oder Psychopharmaka?
12. Bekommen Sie leicht Kopfschmerzen?
13. Sind Sie stark wetterfühlig?
14. Haben Sie leicht Magenschmerzen, Verstopfung oder Durchfall?
15. Bekommen Sie leicht Herzschmerzen?
16. Sind Sie sehr lärmempfindlich?
17. Beträgt Ihr Ruhepuls über 80 Schläge pro Minute?
18. Bekommen Sie leicht feuchte Hände?
19. Sind Sie oft aufgeregt, hektisch, unruhig?
20. Lehnen Sie innerlich Ihre Arbeit oder die Schule ab?
21. Mögen Sie Ihren (Klassen-)Lehrer oder Chef nicht?
22. Sind Sie mit Ihrer Situation zufrieden?
23. Ärgern Sie sich schnell?
24. Regen Sie Ihre Mitschüler oder Mitarbeiter auf?
25. Sind Sie in Ihrer Arbeit arg pingelig?
26. Sind Sie sehr ehrgeizig?
27. Haben Sie bestimmte Ängste oder belastende Zwänge?
28. Werden Sie leicht ungeduldig?
29. Fällt Ihnen das Entscheiden schwer?
30. Sind Sie neidisch, mißgünstig?
31. Werden Sie schnell eifersüchtig?
32. Empfinden Sie die Schule oder Arbeit als schwere Belastung?
33. Stehen Sie oft unter zeitlichem Druck?
34. Leiden Sie unter Minderwertigkeitsgefühlen?
35. Sind Sie gegenüber anderen mißtrauisch?
36. Haben Sie wenig Kontakt zu Mitmenschen?
37. Freuen Sie sich an kleinen Dingen des Alltags nicht mehr?
38. Glauben Sie, daß Sie ein Pechvogel oder Versager sind?
39. Fürchten Sie sich vor der Zukunft (Freundschaft, Familie, Beruf)?
40. Können Sie sich nicht mehr wohlig entspannen?

Auswertung:
1 - 8 Punkte: sehr belastungsfähig, stressstabil.
9 - 15 Punkte: normale Stressbelastung. Trotzdem etwas gegen den Stress tun.
16 - 22 Punkte: stärkere Stressbelastung. Sie sollten sich systematisch entspannen.
23 - 32 Punkte: sehr stressempfindlich. Systematische Entspannung erforderlich.
über 33 Punkte: Lebensumstellung notwendig. Psychologische Beratungsstelle oder Arzt aufsuchen.

Entspannung und Regeneration

Man sollte in regelmäßigen Abständen Pausen einlegen. Anfangs evtl. 30 min lernen, 5 min Pause, 30 min lernen, etc. Wenn man später weniger Konzentrationsprobleme hat, sollte man so lange lernen, bis die Konzentration deutlich nachläßt. Eine Lernphase kann auch mehrere Stunden lang sein, je nach persönlicher Verfassung. Dann eine kleine Pause von 10 - 15 min einlegen. Das Lernen besteht aus einem aktiven und einem anschließenden unbewußten Teil, in dem das Unterbewußtsein/das Gehirn das Wissen verarbeitet. Legt man keine Pausen ein, so wird dieser Prozeß gestört und man lernt evtl. weniger als mit kurzen Pausen.

Pausen bewirken:
- die notwendige Erholung.
- ein nicht zu starkes Abfallen der geistigen Leistungskurve.
- ein Sichsetzen ("Verdauen") der aufgenommen Informationen.
– ein Verschieben des Punktes der geistigen Erschöpfung nach hinten.

Einzelne Lerninhalte sollten vor Beginn der Pause abgeschlossen werden und danach sollte man sich einem anderen Lernstoff widmen. Die verschiedenen Lernstoffe sollten also möglichst häufig abgewechselt werden, damit das Ganze nicht zu langweilig und eintönig wird.

Näheres über Pausen

1.) Die Minipause
Sie ist alle 20 bis 30 Minuten fällig und sollte fünf Minuten dauern. Stehen Sie dabei von Ihrem Arbeitsplatz auf, räkeln Sie sich, wechseln Sie ein paar Worte mit jemandem, essen Sie vielleicht eine Kleinigkeit.

2.) Kaffeepause
Nach spätestens 1 bis 2 Stunden ist die nächste Pausenart fällig: Nennen

wir sie einmal Kaffee- oder Teepause. Sie sollte rund 15 bis 20 Minuten lang sein. Dabei sollten Sie möglichst die gesamte Lernumgebung verlassen, in ein anderes Zimmer gehen, Kaffee trinken, die Zeitung lesen oder Ähnliches.

3.) Die Erholungspause
Wenn Sie länger als 3 Stunden lernen, ist nach dieser Zeit eine Erholungspause notwendig. Diese sollte höchstens eineinhalb Stunden dauern (sonst können Sie sich nur mühsam wieder neu einstellen). Bei intensiver und konzentrierter Arbeit wäre es optimal, an einem Tag nicht mehr als zwei von diesen 3-Stunden-Einheiten zu absolvieren. Anschließend sinkt das Verhältnis von Erfolg zu Aufwand rapide!

Übrigens: Es ist bekannt, daß Informationen, die man vor einer größeren Pause aufgenommen hat (z. B. vor dem Schlafengehen), am besten behalten werden. Also: Die wichtigsten Dinge lernen, bevor Sie ins Bett gehen.

Vorteile der Einführung von Pausen:

1. Jeder der unvermeidlichen Leistungsabfälle während des Lernens wird weniger stark sein als wenn Sie ohne Pause weitergemacht hätten.

2. Statt zwei Höchstpunkten der Erinnerung zu Anfang und Ende der Lernperiode werden Sie durch die Pausen bis zu acht solcher Höchstpunkte haben.

3. Wenn Sie öfter eine Lernpause einlegen, gehen Sie ausgeruhter in die nächste Lernperiode. Das hat den zusätzlichen Vorteil, daß Verständnis und Gedächtnis besser funktionieren.

4. Da Sie infolge der Pausen ausgeruhter sind und auch mehr von jedem Lernabschnitt im Gedächtnis behalten, werden Sie den Lehrstoff des nächsten Abschnitts leichter begreifen, denn Sie haben eine bessere Grundlage, um die neue Information zu bewahren und zu assoziieren. Wer diese regelmäßigen Pausen nicht einlegt, wird nicht nur stärker ermüden, er wird auch weniger von dem Erlernten behalten. Und das wird dazu führen, daß er immer weniger Verbindungen zwischen der stetig abnehmenden Informationsmenge, die er aufnimmt, und dem zunehmend unverständlicher werdenden Informationsberg, der drohend vor ihm liegt, herstellen kann.

5. Entgegen jeder Erwartung steigt unsere Erinnerung an das Erlernte während der Pausen zunächst weiter an, bevor sie zu fallen beginnt. Das

hängt damit zusammen, daß unsere beiden Gehirnhälften, die linke, wie die rechte, während einer kurzen Zeitspanne nach der Informationsaufnahme unbewußt "den Stoff sortieren". Wenn Sie also nach der Pause wieder zu lernen anfangen, sind Sie in Besitz von mehr bewußtem Wissen, als wenn Sie ohne Pause weitergemacht hätten. Diese Information ist besonders wichtig, weil sie eventuelle Schuldgefühle wegen der häufigen Unterbrechungen des Lernens zerstreut.

Die Art der Pausen:

Die gewöhnlichen Pausen sollten nicht länger als 2 bis 10 Minuten dauern. Sie sollten sie zur geistigen Entspannung nutzen - durch einen kurzen Spaziergang, einen leichten alkoholfreien Drink, ein paar Körperübungen, Autosuggestion, Meditation oder Hören leiser, ruhiger Musik. Am besten am Anfang und am Ende jeder Lernperiode eine sehr kurze Rückschau auf das bisher Erlernte und eine Vorschau auf den noch zu erlernenden Stoff halten. Vorteile:
- die erhaltenen Informationen werden konsolidiert
- Stärkung des Selbstvertrauens durch Wahrnehmung des Fortschrittes
- Geist kann sich auf nächstes Lernziel einstellen
- Überblick über das zu bewältigende Studiengebiet

Einfache Entspannungsmethoden

Atemübung

Atmen Sie etwas tiefer ein als gewöhnlich und atmen in einem Atemzug wieder aus. Zählen Sie nun in Gedanken von 1 bis 5 oder 8 und atmen dann wieder ein, und OHNE den Atem nach dem Einatmen anzuhalten, atmen Sie in einer Bewegung wieder aus, halten den Atem nach dem Ausatmen an, zählen wieder von 1 bis 5 oder 8 und atmen wieder ein, in einem Atemzug wieder aus, ... usw. Machen Sie diese Atemübung für 3 bis 5 Minuten bzw. solange, bis Sie entspannt sind.

Wichtig sind hierbei vor allem zwei Dinge:

1. Halten Sie nach dem Einatmen den Atem nicht an, sondern atmen Sie in einer Bewegung wieder aus. Den Atem also erst nach dem Ausatmen anhalten und dann in Gedanken von 1 bis 5 oder 8 zählen.

2. Wenn Sie den Atem nach dem Ausatmen anhalten, dann zählen Sie unbedingt in Gedanken von 1 bis 5 oder 8. Durch das Zählen lenken Sie sich von ängstlichen und stresserzeugenden Gedanken ab. Entscheiden Sie selbst, wie lange Sie den Atem anhalten. Halten Sie den Atem jedoch

nur so lange an, wie es für Sie gerade noch angenehm ist. Wenn Sie etwas entspannt sind, dann können Sie diesen Zustand der Entspannung noch dadurch vertiefen, daß Sie eine kleine Vorstellungsübung machen. Stellen Sie sich vor, Sie seien an einem für Sie schönen und angenehmen Ort, an dem Sie sich sehr wohl fühlen. Das kann eine Wiese sein, auf der Sie an einem lauen Sommertag liegen, oder am Strand im weichen und warmen Sand liegen oder ein schneebedeckter Berg, auf dem alles ruhig und friedlich ist. Verweilen Sie bei dieser Vorstellung einige Minuten und fühlen sich wohl.

Diese kleine Entspannungsübung können Sie immer dann einsetzen, wenn Sie sich angespannt, unruhig oder ängstlich fühlen. Sie können sie mit offenen oder geschlossenen Augen machen, im Stehen oder Liegen.

Stressbekämpfung

Es gibt viele, gut geeignete und erprobte Methoden, um gegen den Stress anzugehen, ihn bereits in seinem Entstehen zu hindern bzw. bei Vorliegen von Stress, entsprechend zum Abbau beizutragen. Beispiele:

* Autogenes Training
* Progressive Muskelentspannung nach Jacobsen
* Atementspannung (tief, langsam, bewußt atmen)
* Hata-Yoga (langsame körperliche Bewegungen, Ausgewogenheit des Geistes)
* Aufspüren von Verspannungen (sensorische Entspannung)
* Bildliche Vorstellung einer ruhigen Situation, um sich zu entspannen.
* Mentales Training: Im entspannten Zustand auf etwas vorbereiten, das man später meistern will.
* Meditation: Arbeitet mit Konzentration auf einen Punkt.
* Moshe-Felder-Kreis: Gesundheit des Körpers veranschaulichen durch langsame Bewegung

Schlaf und Müdigkeit

* Gedankengänge in Zustand der relativen Entspannung vor dem Einschlafen aufschreiben (Erledigungen/Ideen). Es fällt einem mehr ein als unter Stress, man kann leichter einschlafen, weil man sich nichts Wichtiges mehr für den nächsten Tag merken muß.
* Jeden Tag zur etwa gleichen Zeit schlafen gehen und aufstehen, damit der Körper einen gleichmäßigen Rhythmus bekommt. Dies möglichst auch am Wochenende einhalten.
* Zeit vor dem Einschlafen zum Lernen/Wiederholen von Lernstoff verwenden.

- Müdigkeit den ganzen Tag über kann vom Stoffwechsel kommen. Manchmal nützlich: Sich zunächst entspannen, dann ein wenig Traubenzucker essen.
- Abends keinen Zucker, sondern Kohlenhydrate und Eiweiße essen.
- Schlaf vor 24 Uhr ist wichtig; wer früh schlafen geht, ist meist leistungsfähiger; das Ganze hängt aber vom persönlichen Tagesrhythmus ab und ist daher nur eine Faustregel.
- Schlafmangel ist eines der größten Probleme der meisten Menschen

Desiderata, Baltimore 1692: Wünschenswertes - wie man sein Leben führen/leben sollte

... Gehe ruhig und gelassen durch Lärm und Hast und denke an den Frieden, den die Stille bergen kann. Stehe, soweit ohne Selbstaufgabe möglich, in freundlicher Beziehung zu den Menschen.
Äußere Deine Wahrheit ruhig und klar und höre anderen zu, auch den Geistlosen und Unwissenden - auch sie haben ihre Geschichte.
Meide laute und aggressive Menschen, sie sind eine Qual für den Geist.
Wenn Du Dich mit anderen vergleichst, könntest Du bitter werden und Dir nichtig vorkommen, denn immer wird es jemanden geben, größer als Du.
Freue Dich Deiner eigenen Leistung wie auch Deiner Pläne.
Bleibe weiter an Deiner eigenen Laufbahn interessiert, wie bescheiden auch immer. Sie ist ein echter Besitz im Wechsel der Zeiten.
In Deinen geschäftlichen Beziehungen laß Vorsicht walten, denn die Welt ist voller Betrug. Aber das soll Dich nicht blind machen gegen gleichermaßen vorhandene Rechtschaffenheit.
Viele Menschen singen um hohe Ideale, und überall ist das Leben voller Heldentum. Sei Du selbst und heuchle keine Zuneigung, noch sei zynisch in der Liebe, denn auch im Angesicht aller Dürre und Enttäuschung ist sie doch immerwährend wie Gras. Ertrage freundlich, gelassen den Ratsschluss der Jahre und gib die Dinge der Jugend mit Grazie auf.
Stärke die Kraft des Geistes, damit sie Dich in plötzlich hereinbrechendem Unglück schütze. Aber beunruhige Dich nicht mit Einbildungen. Viele Befürchtungen sind Folge von Erschöpfung und Einsamkeit.
Bei einem heilsamen Maß an Selbstdisziplin sei gut zu Dir selber.
Du bist ein Kind des Universums, nicht weniger als die Bäume und Sterne.
Du hast ein Recht, hier zu sein. Und ob es Dir nun bewußt ist oder nicht: Zweifellos entfaltet sich das Universum wie vorgesehen.
Darum lebe in Frieden mit Gott, was für eine Vorstellung Du auch immer von ihm hast und immer Dein Mühen und Sehnen ist.
In der lärmenden Wirrnis des Lebens erhalte Die den Frieden mit Deiner Seele. Sei vorsichtig, strebe danach, glücklich zu sein. ...

Entspannungstraining (progressive Muskelentspannung nach Jacobsen)

Entspannungsübungen entkrampfen den Körper und stellen eine Brücke zum Unterbewußten her. Diese Entspannungstechnik soll die Muskelverspannungen lösen helfen, darum sollen auch die dabei eingebauten Spannungsübungen nicht so anstrengen wie eine Gymnastik.

Vor Beginn des Programms ist es zweckmäßig, den Körper zu dehnen und den Kopf sanft im Nacken kreisen zu lassen, um die Kopfdurchblutung zu fördern. Senken Sie das Kinn auf die Brust und beschreiben Sie mit dem Kopf einen vollen Kreis von links nach rechts.

Suchen Sie einen Platz, wo Sie ungestört sind. Setzen Sie sich bequem in einen Sessel oder, wenn Ihnen das lieber ist, legen Sie sich auf eine Couch, auf das Bett oder auf den Fußboden. Lockern Sie zu enge Kleidungsstücke. Machen Sie sich sehr, sehr bequem.

Konzentrieren Sie sich auf Ihren Körper, die Knochen und Muskeln, und spüren sein Gewicht. Atmen Sie bei geschlossenen Augen langsam und tief ein. Atmen Sie aus. Spüren Sie, wie sich beim Ausatmen die Spannung verflüchtigt, und sagen Sie zu sich selbst: "Entspannen!" Atmen Sie ein zweites Mal langsam und tief ein und spüren Sie beim Ausatmen, wie die Spannung mir dem ausgestoßenen Atem fortgeschwemmt wird. Entspannen Sie sich. Atmen Sie zum dritten Mal langsam und tief ein. Atmen Sie aus.

Stellen Sie sich vor, wie die Spannung aus Ihren Muskeln entweicht. Sagen Sie zu sich selbst: "Entspannen!" Spannen Sie jetzt Ihre Zehen so heftig wie möglich an, dann drehen Sie Ihre Zehen ganz einwärts. Lassen Sie die Zehen gespannt, während Sie langsam bis fünf zählen, dann entspannen Sie Ihre Zehen wieder. Lassen Sie ganz locker und spüren Sie den Unterschied. Spannen Sie nun Ihre Zehen, die Füße und die Wadenmuskeln. Machen Sie diese Muskeln ganz, ganz hart, aber halten Sie den übrigen Körper entspannt. Verharren Sie in dieser Spannung und zählen Sie langsam bis fünf. Dann entspannen Sie sich wieder. Genießen Sie dieses Gefühl der Entspannung.

Spannen Sie jetzt auch Ihre Schenkelmuskeln zugleich mit Zehen, Füßen und Waden an, und zwar so fest wie möglich. Noch fester. Fühlen Sie diese Spannung im Körper und Geist, während Sie langsam bis fünf zählen. Entspannen Sie sich.

Spüren Sie, wie Ihre Muskeln nachgeben und locker lassen. Sagen Sie Ihren Muskeln, daß sie sich noch mehr entspannen sollen.

Spannen Sie jetzt die Gesäßmuskulatur. Halten Sie diese Spannung, während Sie langsam bis fünf zählen. Dann entspannen Sie sich.

Spannen Sie Ihre Kreuz- und Bauchmuskeln und machen Sie sich das verkrampfte Körpergefühl bewusst. Spannen Sie diese Muskeln noch mehr an, während Sie langsam bis fünf zählen. Dann lassen Sie locker, immer lockerer, und entspannen sich. Lassen Sie die Spannung aus jedem Muskel entweichen. Lassen Sie sich ganz "fallen".

Geben Sie Ihrem Körper den Befehl, die Muskeln noch etwas mehr zu entspannen, und machen Sie sich dieses Gefühl der Entspannung bewußt.

Machen Sie jetzt die Muskeln in Ihrem Oberkörper hart. Ziehen Sie beide Schultern nach oben. Spannen Sie die Brust- und Rückenmuskeln. Spannen Sie sie noch mehr. Spüren Sie diese Spannung, während Sie langsam bis fünf zählen ... und entspannen Sie sich. Atmen Sie aus und fühlen Sie, wie alle Muskeln in der Brust und im Rücken sich entspannen. Spüren Sie, wie diese Muskeln nachgeben, sich lockern und entspannen. Fühlen Sie, wie die ganze Spannung und Verkrampfung entweicht.

Lassen Sie Ihre Muskeln noch etwas lockerer. Spannen Sie jetzt Ihre Arme an und ballen Sie die Fäuste. Machen Sie sich das Gefühl der Spannung bewußt, während Sie langsam bis fünf zählen. Dann entspannen Sie sich wieder. Lassen Sie Ihre Arme zu beiden Seiten des Körpers herunterfallen. Genießen Sie die Lösung der Spannung.

Spannen Sie als Nächstes jeden Gesichtsmuskel an, so gut Sie können. Verkrampfen Sie Ihre Kiefer, fletschen Sie die Zähne, spannen Sie die Kopfhaut, kneifen Sie die Augen zusammen. Halten Sie die ganze Spannung an, während Sie langsam bis fünf zählen. Lassen Sie Ihre Stirnmuskeln locker, entspannen Sie Kopfhaut, Augen, Mund, Zunge und Kehle. Lassen Sie den ganzen Druck und die Spannung abklingen. Entspannen Sie alle Gesichtsmuskeln.

Machen Sie sich den Unterschied ganz bewußt. Ziehen Sie jetzt jeden Muskel in Ihrem Körper an. Beginnen Sie bei den Zehen und arbeiten Sie sich über Beine, Bauch und Rücken, Brust und Schultern, Arme und Fäuste bis zum Hals und zum Gesicht hinauf. Seien Sie so angespannt, wie Sie nur können. Halten Sie jeden einzelnen Muskel in dieser Spannung, während Sie langsam bis fünf zählen. Entspannen Sie sich jetzt. Lassen Sie locker. Fühlen Sie das angenehme Gefühl der Entspannung, das Ihren ganzen Körper durchströmt, ein angenehmes, wohltuendes Gefühl der Entspannung. Machen Sie sich das Gefühl der vollkommenen Entspannung bewußt.

Prüfen Sie mit Ihrem geistigen Auge Ihren Körper von Kopf bis zu den Zehen. Wenn Sie einen Muskel finden, der nicht entspannt ist, ziehen Sie ihn noch fester an, halten Sie ihn und dann entspannen Sie sich. Ihr Körper ist jetzt vollkommen entspannt. Lassen Sie sich vom Kopf bis zu den Zehen und wieder zurück von diesem angenehmen Gefühl der Entspannung durchfluten. Genießen Sie es. Machen Sie sich das Gefühl der vollkommenen Entspannung bewußt.

Wellen der Entspannung strömen frei vom Kopf bis zu den Zehen und zurück. Genießen Sie dieses Gefühl. Während Sie sich jetzt entspannen, können Sie sich einige Lern- und Gedächtnisaffirmationen vorsagen. Sagen Sie sich jetzt, daß Sie nach dem Zählen von 1 bis 5 Ihre Augen öffnen und sich wach, erfrischt, voll von Energie und spannungsfrei fühlen werden - 1,2,3,4,5 - öffnen Sie die Augen.

Jedesmal, wenn Sie die Entspannungsübung machen, wird sie leichter und schneller gehen. Sie werden merken, daß Sie sehr rasch auf einen entspannten Zustand umschalten können, in dem die Muskelspannung sich auflöst. Je mehr Sie üben, desto leichter werden Sie sich entspannen. Bereits einige Minuten der Entspannung bewirken, daß Sie sich weniger verkrampft und müde fühlen, Ihr Geist wach und aktiv bleibt und Sie sich besser konzentrieren können.

Eine Kurzfassung der vorhergehenden Übung kann so ausgeführt werden, daß man jede der erwähnten Muskelgruppen von den Zehen bis zum Kopf eine nach der anderen spannt. Halten Sie die Spannung zwei Sekunden und lassen Sie dann eine Welle der Entspannung in umgekehrter Richtung, vom Kopf zu den Zehen, durch Ihren Körper rieseln. Zwei bis drei Folgen dieser Welle von Spannung und Entspannung können ausgeführt werden, während man dabei langsam bis fünfzehn zählt.

Psychische Entspannung

Vielen fällt es leichter, sich mit einer bestimmten Vorstellung zu entspannen anstatt durch körperliches "Muskeltraining" (progressive Muskelentspannung). Für solche Leute ist folgende Übung gedacht.

Lesen Sie die Anweisungen erst einmal ganz durch, damit Sie sehen, worauf es ankommt, und führen Sie sie dann aus. Setzen Sie sich auf einen Stuhl oder legen Sie sich auf eine Couch oder auf den Fußboden. Lockern Sie zu enge Kleidungsstücke. Machen Sie es sich so bequem wie möglich.

Ich schließe meine Augen und atme mehrmals langsam, tief und gleichmäßig. Während ich leicht und tief atme, projiziere ich mich in die siebente Etage eines Gebäudes. Die Wände haben einen warmen roten Anstrich. Ich gehe diesen roten Korridor entlang und erreiche am Ende eine Rolltreppe mit der Aufschrift "Abwärts".

Es ist eine ganz besondere, silberfarbene Rolltreppe. Sie fährt weich, geräuschlos, völlig sicher und zuverlässig. Ich stelle mich darauf und spüre, wie ich abwärts gleite. Meine Hände ruhen auf dem Geländer, und ich fahre lautlos und ganz langsam hinunter, sehr sicher und geborgen. In geruhsamer Fahrt bin ich auf dem Weg ins Parterre, und ich weiß, daß ich dort Beziehungen anknüpfen kann. Ich fahre weiter abwärts und spüre, wie ich locker lasse und mich entspanne – locker lasse und mich entspanne. Ich atme tief ein. Beim Ausatmen sage ich mir etliche Male "7" vor. Ich stelle mir vor, wie diese große Ziffer 7 von den roten Wänden der siebten Etage abhebt.

Sie rote Farbe scheint an mir vorbeizufließen, während ich meine entspannende Abwärtsfahrt fortsetze. Ich bin jetzt in der sechsten Etage. Ich steige von der Rolltreppe und sehe auf den hellen orangefarbenen Wänden dieses Stockwerks eine 6 gemalt. Umgeben von diesem hellen Orange gehe ich zur nächsten abwärts führenden Rolltreppe. Ich betrete sie und gleite wiederum langsam nach unten.

Ich atme tief ein; beim Ausatmen sage ich mir mehrmals "6" vor, und ich sehe deutlich die orangefarbenen Wände um mich herum. Ich spüre, wie ich locker lasse und mich entspanne, während ich zu einer noch friedlicheren und angenehmeren Etage sanft nach unten gleite. Ich habe jetzt die fünfte Etage erreicht.

Im Geiste wiederhole ich mehrmals "5" und genieße die schöne, fröhliche goldgelbe Farbe des Korridors. Ich steige auf die nächste Rolltreppe und schwebe weiter hinunter. Ich fühle mich sehr wohl. Sehr leicht, ich lasse locker und genieße die Farben. Ich sehe die vierte Etage, deren Wände in einem wohltuendem satten Grün gestrichen sind. Ich steige von der Rolltreppe im vierten Stock und gehe durch dieses klare Grün zur nächsten Rolltreppe.

Ich atme wieder tief ein, und beim Ausatmen stelle ich mir die Ziffer "4" vor. Ich wiederhole im Geist mehrere Male "4". Ich genieße das satte Grün um mich herum, während ich die nächste Rolltreppe betrete, und fahre ruhig abwärts durch das beruhigende Grün in eine noch angenehmere und wohligere Etage. Ich erreiche die Aufschrift 3 und sehe die schönen blauen Wände dieses Stockwerks. Ich fühle mich durchdrungen von diesem friedlichen, ruhigen Blau. Ich spüre, daß ich eingehüllt bin von Blau.

Ich bleibe einige Augenblicke lang in dieser Etage und stelle mir eine idyllische Naturszene vor - einen Ort, den ich besonders liebe, wo ich mich am besten entspannen kann – einen blauen See oder ein stilles blaues Meer, Wiesen oder Berge, über denen sich ein weiter, blauer Himmel wölbt. Ich spüre wieder dasselbe Harmonie- und tiefe Entspannungsgefühl, das ich einst an diesem Ort empfand. Ich genieße das fließende Blau um mich herum und werde mir eines wohligen, friedlichen und entspannenden Gefühls bewußt.

Ich atme tief ein, und während ich ausatme, stelle ich mir die Zahl 3 vor. Ich wiederhole im Geiste einige Male "3". Ich besteige die nächste Rolltreppe und gleite wieder sanft und leicht nach unten zu einer noch angenehmer entspannenden Etage mit einer sanften, angenehmen Farbe.

Ich sehe die Ziffer 2 und bemerke das kräftige schimmernde Purpurrot um mich herum, und ich fühle mich wunderbar wohl und entspannt. Ich gehe durch dieses Purpurrot zur nächsten Rolltreppe und gleite durch das tiefe Purpurrot zu einer noch angenehmeren und noch entspannenderen Farbe hinab.

Ich sehe die Ziffer 1 und bemerke die leuchtenden ultraviolette Farbe der Wände. Die Rolltreppe gleitet sanft hinab, und ich betrete die erste Etage. Ich atme tief ein, und während ich ausatme, stelle ich mir die Ziffer 1 vor und wiederhole mehrere Male "1". Ich genieße das leuchtende Ultraviolett um mich herum.

Ich habe jetzt einen völlig entspannten Zustand erreicht. Ich fühle mich ganz ausgeruht, gesund und erfrischt. Ich befinde mich jetzt auf einer inneren Hauptetage. Auf dieser Stufe kann ich mich leicht mit anderen Bereichen meines Bewußtseins in Verbindung setzen. Ich ruhe mich weiter aus, genieße die vollkommene Entspannung und atme tief. Ich verharre etwa eine Minute in völliger Entspannung.

‚Diese Phase der Entspannung ist übrigens besonders geeignet für Affirmationen, den positiven Zuspruch, den Sie sich selbst geben. Bevor ich diese Hauptetage verlasse, zähle ich bis drei. Wenn ich "drei" sage, öffne ich die Augen und fühle mich wach, ausgeglichen, erfrischt und frei von Spannungen.

Affirmationen für Entspannungsübungen

Eine Affirmation kann zu jeder Zeit nützlich sein, am wirksamsten ist sie aber im Zustand der völligen Entspannung. Die folgenden Sätze sind Vorschläge, Sie können sich aber auch andere den Umständen entsprechende Sätze ausdenken. Die Sätze sollten jedoch möglichst kurz und rhythmisch sein; verwenden Sie Alliteration und Reim, wenn Ihnen das zusagt. Wiederholen Sie die Sätze im Geiste vier- bis fünfmal.

- Ich kann.
- Ich erreiche jetzt mein Ziel.
- Ich habe eine riesige Freude am Lernen.
- Lernen und Erinnern fallen mir leicht.
- Meine Gedanken bewegen sich in der richtigen Bahn.
- Ich bin vollkommen ruhig.

Vor einer Prüfung:

Mir fallen die richtigen Antworten zur rechten Zeit ein. Ich erinnere mich an alles, was ich wissen muss. Ich bin vollkommen ruhig und sicher. Mein Gedächtnis ist wach, mein Verstand ist gut.

Innere Beruhigung

Das Ziel dieser Übung ist es, die visuelle Vorstellungskraft zu trainieren und gleichzeitig das Gemüt zu beruhigen. Friedliche, idyllische Naturszenen sind besonders geeignet, Angst und Ablenkungen zu beseitigen. Stellen Sie sich vor, daß Sie in einem Park oder einem Wald spazierengehen, an einem See sitzen, einen Hügel oder einen Berg erklimmen, durch eine Winterlandschaft gehen, im Sommer am Strand entlang schlendern oder sich an irgendeinem Ort bewegen, der auf Sie besonders beruhigend wirkt. Manche Leute stellen sich auch Kunstwerke oder einen Museumsbesuch bei dieser Übung vor. Wir geben hier ein Beispiel; Entspannen Sie sich nach der Methode, die Ihnen am meisten zusagt, und dann:

Stellen Sie sich vor, daß Sie an einem schönen Strand sind. Fühlen Sie die Wärme der Sonne. Gehen Sie am Strand entlang, treten Sie ans Ufer.

Spüren Sie den warmen Sand unter Ihren Füßen, fühlen Sie, wie der weiche Sand beim Gehen durch die Zehen quillt. Geben Sie sich der Bläue des Himmels und des Wassers hin. Während Sie am Rande des Wassers entlang gehen, spüren Sie, wie die Wellen zart und sanft Ihre Knöchel umspielen. Spüren Sie eine sanfte Brise, fühlen Sie, wie Sorgen und Ängste sachte fortgeweht werden.

In der Ferne hören Sie den Lockruf der Möwen. Sehen Sie das Glitzern der Sonne im Wasser. Genießen Sie die Sonne so intensiv wie möglich. Um Monotonie zu vermeiden, können die Übungen zur inneren Beruhigung täglich abgewandelt werden. Abgesehen von den zusätzlichen Beruhigungstechniken im Übungsteil kann man auch Musik spielen.

Lernvoraussetzungen

Vorbereitung des Lernens

Grundsätzlich gilt: Zunächst einen Überblick über den zu lernenden Stoff verschaffen. Der gesamte, teilweise mehrwöchige Lernvorgang sollte geplant werden, am besten schriftlich. In diesem Plan sollte für jeden Tag, evtl. für jede kleine Lernperiode ein Lernziel gesetzt werden, das es zu erreichen gilt. Beim Erstellen dieses Planes sollte man die tägliche Leistungskurve berücksichtigen und kurze Pausen zwischen dem Lernen berücksichtigen sowie die möglichst abwechslungsreiche Anordnung der verschiedenen Lernstoffe in diesem Plan. Evtl. mit anderen Leuten reden, die Wichtigkeit der einzelnen Teilgebiete kennen, um seine Lernplanung darauf abzustimmen. Dazu kann man z. B. auch den Lehrer/Dozent selbst fragen. Manchmal ist das Lernen in Lerngruppen vorteilhaft.

Solche Vorteile sind:
- man läßt sich weniger leicht von anderen Dingen ablenken.
- Wenn man abgelenkt ist, bringen einen die anderen sofort wieder zum Stoff.
- Stoff, den man nicht versteht, kann man sich meist in einer Gruppe leichter erarbeiten, weil jeder einen Teil versteht.

Deshalb sollten Lerngruppen

- zum Lösen von Aufgaben aus verschiedenen Lerntypen bestehen
- zum Vorbereiten von Prüfungen aus ähnlichen Lerntypen bestehen.

Falls man jedoch keine Probleme mit der Konzentration hat und den Stoff im großen Ganzen verstanden hat, kann selbständiges Lernen viel effizienter sein. Denn dann kann man sich genau dem Stoff widmen, den man noch nicht perfekt beherrscht. Außerdem wird man nicht von anderen von einem etwa komplizierten Gedankengang abgelenkt. Beim gemeinsamen Lernen für Prüfungen sollte jeder das Teilgebiet erklären/referieren, das er am besten kann. So können alle voneinander lernen.

Umfeld, Gestaltung des Arbeits-/Lernplatzes

Das Umfeld sollte nichts Ablenkendes enthalten. Falls man sich leicht ablenken läßt, sollte man in den einen Teil seines Zimmers, das zum Lernen genutzt wird, nur schulische Dinge und nichts Ablenkendes stellen. In den anderen Teil des Zimmers könnte man dann solche Sachen stellen, mit denen man sich in den Lernpausen und in der Freizeit beschäftigt. Außerdem kann man sehr gut in Bibliotheken lernen, weil dort ein ruhiges Lernklima mit wenigen Ablenkungen herrscht. Zusätzlich hat man genügend zusätzliche Informationen durch vorhandene Fachbücher.

Der Arbeitsplatz, äußere Störfaktoren:
- Lärm
- Musik
- Ereignisse vor dem Fenster
- unangemeldete und häufige Besuche
- Anrufe
- störende Unterhaltung anderer
- keine Störfaktoren, angenehme Ruhe

Schreibtisch:
- zu klein, um den Prüfungsstoff darauf auszubreiten.
- mit nicht prüfungsrelevanten Dingen versehen.
- überladen und unübersichtlich.
- in Reichweite liegen Zeitschriften, Comics, usw.
- enthält nur das notwendige Arbeitsmaterial
- kein eigener Schreibtisch vorhanden.

Arbeitsmaterial:
- nicht vollständig, muß noch besorgt werden.
- zum Holen muß Arbeit unterbrochen werden.
- alles in Reichweite vorhanden.

Stuhl:
- zu niedrig
- zu unbequem
- angenehm

Beleuchtung:
- zu schwach
- zu hell (z. B. durch intensive Sonneneinstrahlung)
- ausreichend und angenehm

Heizung:
- zu kalt
- überhitzt
- angenehm

Belüftung:
- zu gering (stickige Luft)
- angenehm

Meine beste Arbeitszeit
- morgens
- nachmittags
- abends
- nachts (ungewöhnlich, anormal)

Ernährung

Nahrungsergänzungsmittel, wie z. B. Dextro-Energen bringen nur einen sehr kurzen Leistungsschub, der evtl. beim Sport vorteilhaft ist. Nach diesem kurzen Leistungsschub folgt jedoch ein starker Abfall der geistigen Leistungsfähigkeit. Daher sollte man Dextro-Energen nicht einnehmen, wenn man lernen will/muß.

Allgemein:
- wenig Fette und Kohlenhydrate (Zucker, Mehlspeisen, Kartoffeln, Brot)
- viel Eiweiße, Vitamine, Ballaststoffe, Mineralstoffe (Fleisch, Fisch, Milchprodukte (Joghurt, Quark, Käse), Salate, leichte Gemüse, Obst, Vollkornbrot)
- falls Wahlmöglichkeit, fettarme Sorten bevorzugen (Schokolade besteht zu ca. 90% aus Fett)
- empfohlene Nahrungsmittel: Vollkornbrot, Zucker (ausnahmsweise zur Steigerung der Konzentrationsfähigkeit), Obst
- Fleischkonsum und zu geringer Jod (salz) -Konsum machen müde
- viele kleine Mahlzeiten einnehmen anstatt wenige große (z. B. 6 Mahlzeiten pro Tag)
- evtl. zusätzlich Magnesium in Form von Tabletten zu sich nehmen
- bei übermäßiger Zufuhr von Vitaminen besteht Gefahr der Unterdosierung
- empfohlenes Getränk: Mineralwasser.

Kurve der geistigen Leistungsfähigkeit

Jeder Mensch hat eine ähnliche Kurve der geistigen Leistungsfähigkeit, Uhrzeiten sollen nur die ungefähren Tageszeiten angeben.

Aufstehen um ca. 8.00 Uhr
Optimale Verfassung: 9.00 - 12.00 Uhr
Gute Verfassung: 17.00 - 21.00 Uhr
Schlechte geistige Verfassung: 13.00 - 17.00 Uhr, 21.00 Uhr

und später. In diesen Zeiten der optimalen oder guten geistigen Verfassung sollte man versuchen, den schwierigeren Lernstoff zu verstehen und zu lernen. Einfachere Inhalte kann man evtl. auch kurz nach Mittag oder spät abends lernen. Sonstige Besorgungen, die nichts mit dem Lernen zu tun haben, sollte man in die Tiefpunkte der geistigen Leistungsfähigkeit legen. Findet eine Klausur oder eine Prüfung zu Zeiten schlechter geistiger Verfassung statt, so kann man seine persönliche Leistungskurve auch mit folgenden Mitteln zeitlich verschieben:

- später oder früher aufstehen, die optimale geistige Leistungsfähigkeit erreicht man etwa 1 Stunde nach dem Aufstehen
- einen Mittagsschlaf halten, der auch mal von 10 - 12 Uhr dauern kann, wenn man um 13 Uhr eine Prüfung hat.

Auf keinen Fall während einer Lernphase am Schlaf sparen. Kinder und Jugendliche benötigen etwa 10 - 9 Stunden Schlaf pro Tag, Erwachsene etwa 8 Stunden.

Empfehlung: Morgens neue Sachen mit kleinen Pausen lernen, nachmittags dann diesen Stoff verfestigen. Ähnliches geschieht in der Schule: Im Unterricht wird neuer Stoff gelehrt, nachmittags wird der Stoff durch Hausaufgaben gefestigt.

Lernorganisation

Die Verminderung von Intervall- und Ähnlichkeitshemmungen (Nachteile beim Lernen ohne genügend Pausen) ist vor allen Dingen eine Frage der Lernorganisation - z. B. des Stundenplans:

- Durch das Einschieben von Lernpausen kann man für die notwendigen Intervalle sorgen.
- Die wichtigsten Inhalte sollten vor dem Schlaf bzw. vor längeren Pausen gelernt werden.
- Ähnliche Fächer bzw. Lerninhalte sollten nicht hintereinander gelernt werden, sondern man sollte Lernaufgaben dazwischenschieben, sie sich möglichst stark davon unterscheiden.
- Wichtige Informationen jeweils am Anfang und am Ende eines Lernblockes, da in diesen Perioden am meisten behalten wird. So ergibt sich ein weiterer Vorteil durch das Einteilen eines großen Stoffes in viele kleine Lerneinheiten.

Die oben angegebenen Pausenhäufigkeiten und -längen sind nur Durchschnittswerte. Einige Leute haben keine Probleme beim Lernen über mehrere Stunden hinweg, wobei sie die Lernphasen nur etwa alle 1 - 2 Stunden durch eine 5 - 10 minütige Pause unterbrechen. Sie versuchen, nur dann Pausen zu machen, wenn man das Thema wechselt oder wenn sie merken, daß sie nicht mehr voll aufnahmefähig sind für neues Wissen. Oft muß man sich in schwierigen Stoff erst lange vertiefen, um Neues zu verstehen und zu lernen. Um ein besseres Verhältnis zwischen Einarbeitungszeit und effektiver Lernzeit zu erreichen, kann man so wenig Pausen wie möglich machen. Ein Lern-Tag könnte etwa folgendermaßen aussehen:

Aufstehen um 7.00 Uhr, duschen (damit man richtig wach wird), gemütlich frühstücken, evtl. Ablenkung durch Morgenmagazin des Fernsehens.

1. Lern-Block: 8.00 Uhr - Mittag (11.30 Uhr)
Mittagspause: 11.30 - 12.30 Uhr

2. Lern-Block: 12.30 - 19.00 Uhr (evtl. kleines Mittagsschläfchen um 15.00 Uhr; alternativ etwas Gymnastik und für ausreichend frische, kalte Luft sorgen, denn um diese Zeit ist man meist vorübergehend etwas müde und weniger leistungsfähig)
Pause für Abendessen und (Heute-)Nachrichten: 19.00 - 19.30 Uhr

3. Lern-Block: 19.30 - 23.00 Uhr
Schlaf: 23.00 - 7.00 Uhr (durch Autogenes Training für ein schnelles Einschlafen und einen tiefen Schlaf sorgen)

Wichtig - die Zusammenfassung: Möglichst schon den Stoff vorarbeiten, Übungen/Hausaufgaben regelmäßig erledigen. Dabei den Stoff zusammenfassen und versuchen, so früh wie möglich den gesamten Stoff zu verstehen. Nachher immer wieder Wiederholungen einfügen. (Nach 1 Woche, 1 Monat, 1 Jahr, etc.). Für Abwechslung beim Lernen sorgen. Nicht die ganze Zeit für nur ein Fach lernen. Stattdessen als Motivierung in zwischenzeitlichen Blöcken für das Lieblingsthema lernen. In Pausen evtl. kurz in verschiedene interessante Bücher sehen und jeweils versuchen, einige (wenige) wichtige Gedanken verschiedener Problemfelder aufzunehmen. Wegen der geringen Menge der Gedanken aus anderen Themengebieten bleiben diese Gedanken besser im Gedächtnis haften.

Eine einfache Organisation des Lernens:

1. Lernerfolg planen
Ich setze mir überschaubare Ziele, die ich gut erreichen kann.
- Welche (Teil-)Ziele will ich erreichen?
- Womit will ich anfangen? (vom Leichten zum Schweren, kleine Teilschritte)
- Wie kann ich mich zusätzlich informieren?

2. Zuckerbrotmethode

Ich belohne mich selbst, indem ich mir etwas Schönes gönne.
- Was macht mir überhaupt Spaß?
- Womit kann ich mich belohnen?

3. Lernspaß suchen

Ich gestalte mir die Arbeit so angenehm und interessant wie möglich.
- Wie könnte ich aktiv werden? (Schemata beschriften, Abbildungen ausmalen, interessante Lektüre suchen, wohltuende, entspannte Arbeitsatmosphäre schaffen)

4. Motiv suchen

Ich überlege mir, wie, wo, bei wem mir das nützen kann.
- Was kann ich mit dem Erreichten praktisch anfangen?
- Was würde meinen Freund davon interessieren?
- Wie kann ich mich dadurch in ein positives Licht rücken?
- Wie kann ich das verbessern?
- Wie kann ich das verwerten?

5. Lernpartner suchen

Ich arbeite mit anderen gemeinsam.
- Mit wem könnte ich ein Lernteam bilden?
- Von wem könnte ich profitieren?
- Wer könnte von mir profitieren?
- Wie könnte ich das organisieren?

Bewältigungsskript zur Prüfungsvorbereitung

Ich setze mich jetzt an meinen Arbeitsplatz. Ich arbeite ruhig und konzentriert an dem Stoff, den ich mir für heute vorgenommen habe. Ich stelle mir vor, was ich nach erfolgreicher Prüfung alles machen kann. Das hilft mir, meine Motivation zu erhöhen.

Sollte ich beim Lernen etwas nicht gleich verstehen, bleibe ich ruhig. Ich habe noch Zeit, überspringe diese Aufgabe und setze mich später noch einmal daran. Sollte ich nicht so schnell vorankommen, wie ich es mir vorgestellt habe, denke ich daran, daß jede Zeile, die ich lerne, zählt. Jede Zeile ist besser als keine Zeile.

Wenn Panikgedanken aufkommen, nehme ich sie zur Kenntnis und lasse sie vorüberziehen. Ich bin nicht in Lebensgefahr, gleichgültig, was auch in der Prüfung geschieht. Ich tue mein Bestes, was mir möglich ist und was ich im Augenblick für richtig halte. Sollte es sich später als falsch herausstellen, habe ich etwas dazugelernt. Ich habe die Möglichkeit, den

Fehler in Zukunft zu vermeiden. Ich brauche mich deshalb nicht zu verurteilen, denn das Fehler-Machen ist menschlich. Wenn ich mit Grübeln beginne, sage ich mir: Bleib ruhig. Konzentriere dich auf die Aufgabe. Kümmere dich auf das, was du gerade machst. Du kannst es schaffen. Du hast es bis hierher geschafft, du kannst noch weiterkommen.

Arbeitsweise des Gehirns/Lernmethoden

Arbeitsteilung

Beim Sehen, zum Beispiel beim Betrachten einer Grafik, werden die Stäbchen und Zäpfchen der Netzhaut gereizt. Über den Sehnerv gelangen diese Signale dann bis in die Primäre Sehrinde im Hinterkopf. Doch das Bild, das man sieht, entsteht keineswegs hier. Es wird vielmehr zunächst zerlegt und in vielen verschiedenen Verarbeitungskanälen getrennt analysiert – nach Farben, Konturen, Texturen, Kontrasten usw. Komplexere Eigenschaften werden erst erkannt, wenn der Reiz im Hirn stirnwärts wandert.

Dabei lassen sich vor allem zwei Bahnen unterscheiden: Die „Was-Bahn" führt in den Schläfenlappen, der Strukturen und Objekten eine Bedeutung zuweist. Zugleich werden in dieser Hirnregion auch begleitende Texte verarbeitet. Die „Wo-Bahn" hingegen endet im Scheitellappen, wo das Gesehene räumlich zueinander in Beziehung gesetzt wird. Der Frontallappen schließlich ist zuständig für die Pläne und Absichten. Hier wird entschieden, welchem Teil, zum Beispiel einer Grafik, die Aufmerksamkeit zugewendet wird.

Kanäle für die Aufnahme des Wissens

Der Mensch hat verschiedene Sinnesorgane - über alle können Informationen aufgenommen werden:

* Auge (optischer Kanal): 10 MBit/s
* Ohr (akustischer Kanal): 1 MBit/s
* Haut/Haar (taktiler Kanal): 400 kBit/s
* Andere Kanäle: 5000 Bit/s

Eine Kombination all dieser Wahrnehmungen und Vorstellungen ist ideal.

Drei Tipps:

1.) So viele Eingangskanäle wie möglich benutzen.
2.) Leistungsfähigkeit des optischen Kanals ausnutzen.
3.) Informationen ins Gedächtnis „handeln"

Auch kann man sich beim Lesen zu dem Gelesenen ein optisches Bild vorstellen. Man kann sich auch vorstellen, wie etwas riecht oder sich anfühlt. So kann man auch beim Lesen eines Buches alle Kanäle so gut wie möglich ausnutzen. Siehe Abschnitt zum Lesen von Sachtexten.

Durch Unterstreichen von Texten, optisches Hervorheben und Einfügen von Bildern in Texte wird der Wichtigkeit des optischen Kanals Rechnung getragen.

Zwei grundlegende Lernmethoden

1. Lernen durch Rechnen/Betrachten von Beispielen

Man versucht, den Stoff aus dem Lehrbuch/dem Unterricht oder der Vorlesung grob zu verstehen. Um ihn anwenden zu können, rechnet man Beispiele und lernt aus den Fehlern, die man in diesen Beispielen macht. Oft orientiert man sich beim Rechnen der Beispiele an sogenannten Musterlösungen und schreibt dort teilweise gedankenlos ab. Was man aus eigenen Fehlern lernt, behält man recht gut, aber das ist ein sehr langsames und mühsames Lernen. Diese Lernmethode wenden Leute an, die den Stoff nicht vollständig verstehen, keine Lust haben, sich den "trockenen" Stoff noch einmal durch den Kopf gehen zu lassen oder wenn einen das Wissen nicht interessiert und man einfach seine Prüfung bestehen möchte.
Nachteile:
* Lernen dauert entweder lange oder man lernt nur einen Teil des Stoffes.
* Man versteht die Zusammenhänge nicht und ist bei etwas anders gearteten Problemen als denen der Beispiele aufgeschmissen.
* Das Gehirn wird nicht genügend trainiert.

2. Auf Verständnis lernen/Verstehen der Zusammenhänge

Man liest sich den Lernstoff in voller Konzentration möglichst aufmerksam durch. Nach den Methoden, die im Abschnitt "Lesen von Sachtexten" beschrieben sind, durchdenkt und hinterfragt man den gesamten Stoff. Wichtige Punkte notiert man sich auf Papier. Man fragt sich nach kurzen Abständen selbst, ob man den Stoff verstanden hat und welche Aspekte noch unklar sind. Beim aufmerksamem Lesen fallen einem so häufig Fehler/Unstimmigkeiten oder Auslassungen des Textes auf. Alles, was man trotzdem nicht versteht, versucht man zunächst in anderen Fachbüchern nachzuschlagen. Führt dies nicht zum Erfolg, so fragt man andere, z. B. Freunde/Lehrer. Hat man alles einigermaßen verstanden, so schaut man Beispiele dazu an und überlegt, wie man sie lösen würde. Wenn man einen Lösungsweg weiß, sollte man evtl. noch eine möglichst schwierige Aufgabe lösen, um auch ganz sicher zu gehen, daß man alles kann. Außerdem ist es sinnvoll, sich Musterlösungen oder Lösungen von Freunden zu besorgen.

Diese untersucht man auf folgende Aspekte:

- Anwendung der in der Theorie kennengelernten Konzepte
- Grund für jeden Rechenschritt ermitteln. Gibt es einen kürzeren Rechenweg?
- Wird etwas angewendet, was man in der Theorie nicht völlig verstanden hatte? Versuchen, durch das Beispiel doch noch die Theorie zu verstehen.
- Rechentricks
- Fehlerquellen (am effizientesten lernt man nicht aus eigenen Fehlern, sondern aus den Fehlern anderer Leute)

Analyse des Lernverhaltens

(Positive) Konsequenzen

Tätigkeiten, die zu positiven Konsequenzen führen, werden häufiger ausgeführt: Positive Konsequenzen liegen vor, wenn man ein Erfolgserlebnis hat, oder wenn man für Mühen und Kosten belohnt wird. Beispiel: Kinobesuch: Mühen/Kosten: Hingehen und Eintrittspreis; Belohnung: guter Film. Daraus kann man für das Arbeits- und Lernverhalten folgern: Wenn die Tätigkeit "Lernen" nicht zu positiven Konsequenzen führt, wenn also Lernen nicht zu einem Erfolg oder zu einem angenehmen Zustand führt, so wird Lernen als uninteressant, langweilig und lästig erlebt. Damit sinkt die Wahrscheinlichkeit für Lernen, denn wenn man nicht gerne lernt, setzt man sich von vornherein schon gar nicht zum Lernen hin.

Aufgabe: Überlegen Sie sich an dieser Stelle, welche Konsequenzen Ihnen Ihr Lernverhalten bringt:
- Positive Konsequenzen
- Negative Konsequenzen

(Bei negativen Konsequenzen kann das Aussetzen von kleinen Selbstbelohnungen für kleine Lernabschnitte hilfreich sein.)

Ausweichen vor dem Lernen

Auch wenn Lernen mit negativen Konsequenzen verbunden ist, hält man es dennoch für eine Notwendigkeit. Will man sich zum Lernen zwingen, so erledigt man jedoch zunächst angenehmere Kleinigkeiten (z. B. Zeitunglesen, Schallplatte hören, etwa essen, Freunde anrufen), die man als angenehm erlebt und die einen letztlich vom Lernen abhalten. Will man endlich mit Lernen anfangen, fallen einem andere ausstehende Erledigungen ein, die man zwar ungerne tut, aber die einem immer noch lieber sind als Lernen (z. B. einkaufen, Bücher aufräumen, putzen, ...).

Nach all diesem bleibt nur noch wenig Zeit zum Lernen und das Anfangen lohnt eigentlich gar nicht mehr. Man hat ein schlechtes Gewissen, der Lernversuch hat zu einer negativen Konsequenz geführt.

Aufgabe: Notieren Sie, welches Ausweichverhalten bei Ihnen anstelle des erwünschten Lernverhaltens auftritt. (Mögliche Abhilfe: Sich dieses Ausweichverhaltens bewußt werden und ab sofort keine Zeit vor dem Lernen vertrödeln, sondern solche Tätigkeiten nach dem Lernen durchführen.)

Selbstkontrolle

Stoppen wir das Ausweichverhalten! Wie wichtig ist uns das Zeitungslesen, Schallplatte anhören, Freunde anrufen? "Unheimlich wichtig", meinen wir im ersten Moment, "weniger wichtig als Lernen", geben wir im Nachhinein zu. Also müssen wir eine SELBSTKONTROLLE über uns ausüben: Wir müssen uns ehrlich gestehen, ob eine andere Tätigkeit unbedingt vor dem Lernen erledigt werden muß. Dies kann durchaus gegeben sein, wie z. B. für einkaufen vor dem Geschäftsschluß. Aber dann dürfen wir wirklich nur das einkaufen, was wir momentan benötigen, statt daraus einen Einkaufsbummel zu machen. Ebenso müssen wir uns ehrlich zugeben, ob eine Lernunterbrechung lohnt: Müssen wir unbedingt jetzt Geschirr spülen, haben wir wirklich Hunger, kann das Haare waschen warten? Ausweichverhalten kann also dadurch entstehen, daß wir uns zu wenig kontrollieren und uns einreden, andere Dinge seien ebenso wichtig oder sogar wichtiger als Lernen. Selbstkontrolle unterbindet konsequent Ausweichverhalten. Selbstkontrolle wird jedoch erschwert, wenn uns beim Lernen ständig Dinge ins Blickfeld kommen, sie uns vom Lernen ablenken: Die neue Schallplatte oder die ungelesene Zeitung neben dem Schreibtisch fordern geradezu zum Hören bzw. zum Lesen heraus. Beim ersten und zweiten Hinschauen können wir noch widerstehen, aber unser Blick schweift immer wieder dorthin. Am Ende können wir nicht widerstehen. "Weg damit, von vornherein weg damit!" Wir können unser Lernverhalten nur dann kontrollieren, wenn wir den Arbeitsplatz eindeutig zum Arbeiten gestaltet haben. Daher müssen alle ablenkenden Dinge verschwinden. Selbstkontrolle heißt demnach, daß wir das Lernen mit seinen kurzfristig negativen Konsequenzen dem anderen Verhalten mit seinen kurzfristig positiven Konsequenzen vorziehen, weil wir für das Lernen langfristig positive Konsequenzen sehen: Was heute gelernt wird, zahlt sich am nächsten Tag oder in der nächsten Woche aus. Aufgabe: Notieren Sie, was alles von Ihrem Arbeitstisch bzw. aus Ihrem Arbeitszimmer geräumt werden muß, damit Sie nicht abgelenkt werden.

Lernen muß etwas bringen

Problematisch ist es, wenn man für eine Prüfung in ferner Zukunft lernt und damit sich keine unmittelbare positive Konsequenz ergibt.
Es gibt folgende Auswege:
- der Lernstoff muß Spaß machen: Sich immer wieder die interessanten Seiten des Lernstoffes heraussuchen; überlegen, wie man den Stoff anwenden könnte; auch das andauernde Sich-selbst-Einreden, daß der Stoff Spaß macht, kann helfen.
- falls der Lernstoff dennoch langweilig bleibt: Sich selbst für das Lernen belohnen, z. B. Zeitung lesen/Platte hören nach erfolgreicher Lernperiode, ein Eis für eine Stunde lernen, ein Kinobesuch für eine Woche lernen.

Aufgabe: Überlegen Sie, was Sie sich als Belohnung wünschen würden:
- Für eine Stunde lernen
- Für einen Tag lernen
- Für eine Woche lernen

Die schönste Belohnung: der Weg und das Ziel

Je mehr man sich angestrengt hat, desto schöner ist es, wenn man sein Ziel erreicht. Beim Lernen bestehen Fernziele z. B. darin, eine Prüfung zu bestehen, oder eine gute Arbeit zu schreiben. Dafür muß man große Lernbrocken über längere Zeit durcharbeiten, deshalb empfiehlt sich eine Aufteilung des Prüfungsstoffes in Monatspensum, Wochenpensum, Tagespensum, Stundenpensum (am besten schriftlich). Das Erreichen jedes noch so kleinen Zieles muss man sich bewusst machen; eine kleine Pause kann auch schon eine Belohnung sein, denn Pausen dienen der Erholung der Nerven. Das Setzen von Zielen ist nur dann sinnvoll, wenn die Ziele realistisch sind, d. h. erreichbar sind. Beispiel: Wenn ich es über längere Zeit nicht mehr geschafft habe, mich zum Lernen hinzusetzen, so kann mein Ziel nicht sein, in 2 Stunden das halbe Buch zu lesen. Ich muß dann erst einmal das Ziel haben, 30 Minuten lang am Schreibtisch auszuhalten, selbst wenn ich dabei nur zwei Seiten lese. Und dann kann ich mein nächstes Ziel auf 35 Minuten setzen usw. Bei konsequentem Loben für jedes erreichte Ziel, wird der zuvor langweilige Lernstoff langsam interessant. Der Idealzustand ist, daß Ihnen das Lernen zu einem angenehmen Zustand (=positive Konsequenz) wird.

Aufgabe: Suchen Sie ein Unterrichtsfach, in dem Sie auf eine Prüfung oder Klassenarbeit lernen wollen. Teilen Sie das Endziel "Prüfung" in verschiedene Unterziele auf und fertigen Sie einen Plan, bis wann Sie die einzelnen Unterziele erreichen wollen. Legen Sie sich Belohnungen für das Erreichen der jeweiligen Unterziele fest.

Speicher-Modell des Gedächtnisses

Grundsätzlich gilt: Nur besonders hervorgehobene Informationen können die Filter passieren und gelangen auf die nächste Stufe. Hervorgehoben werden Informationen durch:
* Interesse und andere Emotionen (Gefühle)
* Assoziationen, Sinnhaftigkeit (was keinen Sinn macht, kann man sich nicht merken)
* Lernaktivitäten, z. B. wiederholen.

Die Gedächtnisbenutzung läuft in drei Phasen ab, nämlich
* Kodierung,
* Speicherung
* Abruf.

Kurzzeitgedächtnis

Die Kapazität des Kurzzeitgedächtnisses beträgt etwa sieben Objekte. Der Wert schwankt von einem Mensch zum anderen nicht mehr als um etwa plus oder minus zwei. Das bedeutet, daß wir eine willkürliche Folge von Ziffern der Länge 5 noch im Kurzzeitgedächtnis behalten können, beispielsweise 2 7 6 4 9, von einer Folge der Länge 15, beispielsweise 2 7 6 5 8 3 7 5 8 4 3 6 6 7 5, jedoch nur Bruchstücke. Versuchen Sie es. Jede Folge darf nur einmal durchgelesen werden und ist dann wiederzugeben.

Die Speicherdauer im Kurzzeitgedächtnis ist bei nur einmaliger Einspeicherung nur sehr kurz, einige Sekunden. Wollen wir den Inhalt länger behalten, so müssen wir ihn im Geiste wiederholen. Das gelingt am einfachsten bei sprachlicher Information, etwas schwieriger bei anderen Informationsarten. Wenn wir keine besonderen Vorkehrungen treffen, wird das Kurzzeitgedächtnis nach Art einer Schlange verwaltet. Das erste Objekt, das die Kapazität des Kurzzeitgedächtnisses übersteigt, wird also dasjenige Objekt aus dem Kurzzeitgedächtnis verdrängen, das schon am längsten dort ist. Dem kann man begegnen, indem man die Inhalte selektiv wiederholt, wobei sie jedesmal wie neu eingespeichert behandelt werden, sodass sich wählen läßt, welches Objekt als erstes verdrängt werden soll.

Die gespeicherten Objekte müssen nicht unbedingt so elementar sein wie die Ziffern im vorigen Beispiel, denn die Information wird in sogenannten

Bündeln (chunks) gespeichert, deren Beschaffenheit sich danach richtet, was für Inhalte das Langzeitgedächtnis zur Verfügung stellt. Ein Bündel ist jedenfalls eine semantische Einheit, ein Konzept. Dafür kommen beispielsweise Wörter in Frage. Eine Folge von fünf willkürlich gewählten bekannten Wörtern ist ebenso leicht oder schwer zu merken, wie eine Folge von fünf Ziffern oder fünf Buchstaben, obwohl die fünf Wörter zusammen wesentlich mehr als sieben Buchstaben umfassen. Bei einer langen Wortliste von mehr als neun Wörtern wird der Versuch ebenso unmöglich wie bei einer langen Buchstabenliste.

Ein beeindruckendes Beispiel für die Leistungsfähigkeit solcher Abstraktionen liefert das folgende berühmte psychologische Experiment: DeGroot ließ 1965 seine Versuchspersonen Schachstellungen auf Schachbrettern kurz betrachten und dann aus dem Kurzzeitgedächtnis wiedergeben. Wie erwartet konnten sehr gute Schachspieler dabei oftmals alle Figuren, immer aber ziemlich viele, korrekt wiedergeben. Schachanfänger hingegen konnten sich immer nur an sehr wenige Figuren korrekt erinnern. Stellte man die Figuren nun aber willkürlich auf das Brett, anstatt eine echte Stellung aus einem Schachspiel vorzugeben, so sank die Leistung der guten Spieler auf das Niveau der Anfänger ab; die Anfänger waren in beiden Fällen gleich gut. Dies zeigt, daß problemspezifische Abstraktionen und Muster im Langzeitgedächtnis die effektiv für einen bestimmten Zweck verfügbare Kapazität des Kurzzeitgedächtnisses vervielfachen können.

Ein Erkennen solcher Muster ermöglicht die Speicherung einer wesentlich höheren Gesamtzahl von Fakten im Kurzzeitgedächtnis und damit die Möglichkeit, viele Aufgaben sehr viel schneller und sicherer zu erledigen, weil keine externen Speicher wie Zettel oder Dateien mehr zu Hilfe genommen werden müssen bzw. keine Fehler auftreten, die sonst die Erledigung der Aufgabe gefährden.

Eine weitere Möglichkeit zur Verbesserung ergibt sich aus der Beobachtung, daß offenbar jedes sensorische System über ein eigenes Kurzzeitgedächtnis verfügt. Bislang sind nur das Sprach/Hörsystem und das visuelle System eingehend erforscht und der Beweis zweier getrennter Kurzzeitgedächtnisse für verbale und visuelle Informationen erbracht, aber vermutlich gibt es weitere Kurzzeitgedächtnisse für Geräusche, für Gerüche/Geschmäcker und für Tastempfindungen.

Sprachliche Informationen werden im sogenannten fonologischen Kurzzeitgedächtnis gespeichert und zwar unabhängig davon, ob sie visuell oder akustisch angeliefert worden sind. Demgegenüber werden nichtsprachliche visuelle Informationen im visuellen Kurzzeitgedächtnis gespeichert.

Das bedeutet, daß eine gleichzeitige Nutzung der beiden Kurzzeitgedächtnisse und eine damit einhergehende Erhöhung der Speichermöglichkeit erreicht werden kann, wenn für die Darstellung der Information kombinierte sprachliche und graphische Darstellungsweisen gewählt werden, vorausgesetzt, die graphischen Teile werden auch bildlich interpretiert. Dabei ist allerdings zu beachten, daß visuelle gespeicherte Informationen weniger genau sind als sprachlich gespeicherte. Es sollten daher möglichst Vorkehrungen gegen Fehler in der visuellen Speicherung getroffen werden, z.B. indem man alle visuelle Information zusätzlich noch einmal sprachlich einbringt.

Langzeitgedächtnis

Während die Inhalte des Kurzzeitgedächtnisses als Aktivierungen von Neuronen gespeichert werden (also als Hirnaktivität) sind die Inhalte des Langzeitgedächtnisses in Form von Verbindungen zwischen Neuronen gespeichert (also als Hirnstruktur) - die genaue Wirklichkeit ist, wie manchmal im Leben, einiges komplizierter und deshalb noch nicht umfassend bekannt, aber dies ist der grundsätzliche Mechanismus.

Dieser Mechanismus begründet auch die zwei wichtigsten Eigenschaften des Langzeitgedächtnisses. Es hat eine unbegrenzte Speicherdauer und eine fast unbegrenzte Kapazität. Eine dritte Eigenschaft ist von Bedeutung, kann aber nicht ganz so leicht erklärt werden. Dies ist die Tatsache, daß für die Übertragung von Informationen ins Langzeitgedächtnis offenbar nur eine sehr geringe Bandbreite zur Verfügung steht. Innerhalb einer gegebenen Zeit kann man sich also nur relativ wenige Dinge neu langfristig merken.

Auch hier ist die Wirklichkeit wieder recht kompliziert, weil die Bandbreite von der Speicherdauer abhängt. Wir können uns relativ viel innerhalb kurzer Zeit für einige Stunden oder Tage einprägen, aber nur wenig, was wir das ganze Leben lang behalten. Dies liegt daran, daß die Umsetzung von Informationen in Hirnstrukturen ein Prozeß ist, der mehrere Wochen dauert, während derer die Informationen auf andere, noch flüchtige Weise zwischengespeichert werden.

Die Funktionalität des Langzeitgedächtnisses besteht aus zwei Teilen. Erstens können wir Dinge wiedererkennen und zweitens sind zu diesen Dingen eine Vielzahl von Beziehungen abgespeichert, vor allem semantische wie zahlreiche Varianten von "Teil von" oder von "ist ein" sowie zeitliche und örtliche wie die Abfolge von Ereignissen in einer Geschichte oder Ziffern in einer Telefonnummer.

Die Speicherung erfolgt immer in möglichst abstrakter Form, weil damit auf sehr viele Details verzichtet werden kann und weniger Platz benötigt wird.

So könnte zum Beispiel nach dem Lesen eines Computerhandbuchs die Information, dass man zum Verlassen eines bestimmten Programms Ctrl-Q drücken muß im Langzeitgedächtnis haften bleiben, aber es ist vielleicht nicht mehr zu rekonstruieren, ob dort gestanden hatte "Zum Verlassen geben Sie Ctrl-Q ein." oder aber "Wenn Sie das Programm verlassen möchten, so drücken sie die Taste 'Ctrl', halten Sie sie fest und drücken sie dann gleichzeitig die Taste Q". Obwohl die beiden Sätze sehr unterschiedlich sind, werden sie im Langzeitgedächtnis auf dieselbe Repräsentation abgebildet, weil die Abstraktion des Betätigens einer Control-Taste bereits verfügbar war und die Details der Formulierung ohnehin nicht von Bedeutung sind.

Dieser Mechanismus bedeutet umgekehrt, daß es für die Leichtigkeit, mit der etwas behalten werden kann, einen großen Unterschied macht, was für Abstraktionen zur Repräsentation des zu Erinnernden zur Verfügung stehen - und dann auch verwendet werden, denn das geschieht nur zum Teil automatisch; zu einem anderen Teil ist es eine bewußte Anstrengung, die als Elaboration bezeichnet wird. Je gründlicher die Elaboration, desto besser die Erinnerung.

Nicht nur das Lernen wird erleichtert, sondern auch das Behalten komplexer Konzepte, wenn geeignete Vorbildung vorhanden ist. Deshalb sollte man auf die Vermittlung von Basiskonzepten immer großen Wert legen und den Zusammenhang eines Faktums mit diesen Basisabstraktionen jeweils verdeutlichen.

Expcrimente haben außerdem ergeben, daß Fakten, zu denen eine Erläuterung oder Begründung mitgeliefert wurde, besser wieder korrekt abgerufen wurden als andere, die ohne Begründung gelernt wurden. Das beruht vermutlich darauf, daß die Begründung einen weiteren Abrufpfad zum gewünschten Faktum eröffnet: Das Faktum konnte direkt erinnert werden oder aber die Begründung wurde gefunden und von dort aus das Faktum.

Dasselbe Prinzip liegt fast allen mnemotechnischen Systemen zugrunde. Es werden zusätzliche Pfade geschaffen, über die die gewünschte

Information abgerufen werden kann. Besonders hilfreich in dieser Hinsicht sind Taxonomien, also hierarchische Ordnungen von Begriffen.

Wiederholungen

Fakten: Ohne Wiederholungen hat man ca. 50 % des Stoffes nach 7 Tagen vergessen. Nach 14 Tagen weiß man noch etwa 20 %, nach 21 Tagen ca. 10%.

Dieses schnelle Vergessen kann man aufhalten, wenn man Wiederholungen vornimmt. Frühestens 1 Stunde nach dem ersten Lernen kann man damit anfangen. Wiederholt man aber erst kurz vor der Prüfung Gelerntes, so ist dieser Stoff im Kurzzeitgedächtnis vorhanden. Sobald die Prüfung begonnen hat, muß der Stoff aufgeschrieben werden, da er sonst schnell wieder vergessen wird. Dieses Verfahren ist jedoch gefährlich, da so andere im Langzeitgedächtnis gespeicherte Informationen von den Informationen im Kurzzeitgedächtnis überdeckt werden können. Folge: Rekapitulation von Wissen in einer Prüfung geht gegen Null. Lösung – auch wenn sie erstaunt: Am Tag vor der Prüfung keine Beschäftigung mehr mit dem Prüfungsstoff!

Sehr wichtig für das Lernen ist das periodische Wiederholen von bereits gelerntem Stoff. Wiederholt werden sollte nach einem Tag, einer Woche, einem Monat, einem Jahr, um nicht zuviel zu vergessen. In der Praxis am besten so:
- Durchgearbeitete Texte schriftlich kurz zusammenfassen.
- Jeden Abend kurz vor dem Einschlafen alle oder einen Teil dieser Aufzeichnungen erneut durchlesen. Dabei noch einmal alles durchdenken. Das Wiederholen des Stoffes eines Tages sollte jedoch nicht länger als 1 Stunde dauern.
- Bis zur Prüfung sollte der Stoff so mehrfach wiederholt werden, sodass der gesamten Stoff in gleicher Weise parat bleibt.
- Bei der nächsten Klausur den Stoff der "alten" Aufzeichnungen wiederholen, um die Teile aufzufrischen, die bereits wieder vergessen wurden.

Lernen - eine Frage des Alters?

Oft wird die Frage nach dem Einfluss des Lebensalters auf das Lernen gestellt. Bekannt ist, dass die Lernfähigkeit mit zunehmendem Alter steigt, bis sie am Ende der Reifezeit, etwa mit 20 Jahren, einen Höhepunkt erreicht. Der wird beibehalten, bis sich die Lernfähigkeit im fortgeschrittenen Alter – etwa nach dem 60. Lebensjahr – deutlich verringert. Kinder lernen also nicht generell leichter als Erwachsene.

Lernen ist eine Funktion der verschiedenen Intelligenzfaktoren und der erworbenen Erfahrung und des Wortschatzes.

Beispiel Wortschatz:
Hat ein Kind einen Wortschatz von vielleicht 4000 Wörtern (mit 8 Jahren), so hat ein Erwachsener einen von geschätzt über 12000 Wörtern (Untersuchungen differieren hier). Je mehr Wörter jemand besitzt und versteht, desto leichter fällt ihm das Lernen und Behalten, weil sich um so mehr Assoziationen herstellen lassen.

Ein weiterer wichtiger Lernfaktor ist die Motivation. Vielleicht ist sogar der Rückgang der Motivation zum Lernen mit zunehmendem Alter der wichtigere Grund dafür, dass ältere Menschen nicht mehr so leicht zu lernen scheinen wie jüngere. Viele Beispiele aber zeigen deutlich, dass es möglich ist, auch mit 60 Jahren oder noch später vital „von vorne" zu beginnen: überragender Wortschatz, genügend Erfahrung und immer mehr die organischen Voraussetzungen sind vorhanden. Was mitspielen muss, ist die Motivation, die ein entscheidendes Kriterium darstellt.

Lerntypentest
(I.)
1. Liegt Ihnen handwerkliches Arbeiten?
2. Erzählen Sie gerne oder tragen Sie gerne vor?
3. Könne Sie ein Instrument spielen?
4. Müssen Sie schwierige Wörter mehrmals Aufschreiben, um sie zu behalten?
5. Treiben Sie gerne Sport?

(II.)
1. Besuchen Sie gerne ein Konzert, eine Oper oder sonstige Musikveranstaltungen?
2. Erkennen Sie Ihre Mitmenschen schon an der Stimme?
3. Ziehen Sie einen Vortrag einer tonlosen Diaserie vor?
4. Können Sie einmal Gehörtes behalten?
5. Bringt Sie leichte Musik in eine beschwingte Stimmung?

(III.)
1. Betrachten Sie gerne Photos oder Gemälde?
2. Sind Sie in der Lage, sich in einer fremden Gegend schnell zurechtzufinden?
3. Können Sie einen gesehenen Stummfilm wiedererzählen?
4. Können Sie sich daran erinnern, wo das von Ihnen Gelesene steht?
5. Können Sie eine Wäscheklammer aus dem Gedächtnis zeichnen?

(IV.)
1. Reagieren Sie schnell in gefährlichen Situationen?
2. Sind Sie in der Lage, ein bestimmtes Geschehen zeichnerisch zu Papier zu bringen?
3. Wandern oder reisen Sie gerne?
4. Schreiben Sie gerne (z. B. Briefe, Aufsätze)?
5. Können Sie einen Apparat nur bedienen, wenn Sie selbst einmal die einzelnen Handgriffe gemacht haben? Eine Erklärung genügt Ihnen nicht!

(V.)
1. Behalten Sie leicht Melodien?
2. Sie müssen ein Referat halten. Werden Sie sicherer, wenn Sie sich zuvor Ihre Ausarbeitung mehrmals laut vorsprechen?
3. Können Sie aufgrund von Geräuschen feststellen, um was es sich handelt?
4. Bleibt Ihnen ein für Sie neues Wort besser im Gedächtnis, wenn Sie es mehrmals vor sich hinsprechen?

(VI.)
1. Können Sie Geschehenes gut beschreiben?
2. Lernen Sie besser, wenn Sie einen neuen Stoff nicht nur vorgetragen bekommen, sondern dazu noch ein Schaubild sehen?
3. Müssen Sie ein neues Wort nur lesen, um es zu behalten? Ein mehrmaliges Schreiben ist nicht notwendig!
4. Genügt Ihnen ein tonloser Film, um sich über eine Sache ein Bild zu machen?
5. Können Sie eine Skizze von dem Weg zwischen Ihrer Wohnung und Ihrem Arbeitsplatz oder Wohnung und Schule anfertigen?

Erläuterung:

Die Gruppen I und IV stehen für den haptischen Kanal (fühlen), die Gruppen III und VI stehen für den visuellen Kanal (sehen), die Gruppen II und V stehen für den akustischen Kanal (hören). Je mehr Ja-Antworten man in einem Bereich gegeben hat, desto höhere Aufnahmefähigkeiten hat man über diesen Kanal. Man sollte einen möglichst großen Anteil seines Wissens über seine wichtigsten Kanäle aufnehmen. Um den visuellen Eindruck zu verstärken, kann man z.B. mit Unterstreichungen, Einrahmungen und Farben arbeiten. Den akustischen Kanal kann man mit einbeziehen, indem man den Lernstoff deutlich ausspricht.

Unsere Denkstile

„Wie kommt es, dass die meisten Menschen gleichzeitig so dumm und so klug sind?" fragte sich Henry Mintzberg, kanadischer Management-Professor – und beschrieb damit eine Beobachtung, die jeder von uns schon gemacht hat: Da kann jemand brillant mit Zahlen umgehen, logisch und analytisch denken und hat große Schwierigkeiten, sich in andere Menschen hineinzudenken oder eigene Gefühle auszudrücken. Oder wir begegnen einem Menschen, der in Bildern denken kann, intuitiv oft das Richtige entscheidet und das große Ganze sieht – und die einfachen logischen Schlussfolgerungen und zahlenmäßigen Größenordnungen nicht begreift.

Jeder von uns ist einmalig – das ist sicher keine neue Erkenntnis. Was aber neu ist: Immer mehr Menschen werden sich ihrer Einzigartigkeit bewußt und beanspruchen, dass ihre Umgebung diese Einzigartigkeit wahrnimmt uns sich darauf einstellt. Für den Lehr- und Lernprozess hat diese Tatsache eine entscheidende Bedeutung.

Mit dem Herrmann Dominanz Instrument (H.D.I.), das von dem Amerikaner Ned Herrmann Anfang der 80er Jahre entwickelt wurde, lassen sich die unterschiedlichen Denk- und Verhaltensmuster anschaulich, differenziert und ohne Wertung darstellen. Die Auswertung eines Fragebogens ergibt je Person ein grafisch dargestelltes Profil, aus dem erkennbar wird, welche Denk- und Verhaltensweisen dieser Mensch bevorzugt und welche er vermeidet. Begriffliches oder Bildhaftes? Sagen, Hören, Denken oder eher Ausprobieren. Tun, Bewegung? Die meisten Menschen sind „multidominant" und haben mehrere Bereiche, in denen sie sich „zu Hause" fühlen. Aber fast alle haben Bereiche, die sie eher vermeiden.

Basis des sogenannten H.D.I.-Profils ist ein einfaches „Vier-Quadranten-Modell" (siehe Abbildung), das auf den Erkenntnissen der modernen Gehirnforschung aufbaut.

Die Entdeckung der speziellen Arbeitsweisen der linken und rechten Gehirnhälfte hat unser Wissen über das Denken und Verhalten des Menschen entscheidend erweitert und verändert. Ein Modell, das unterschiedliche Denkstile darstellt, kann ohne diese Erkenntnisse nicht mehr auskommen.

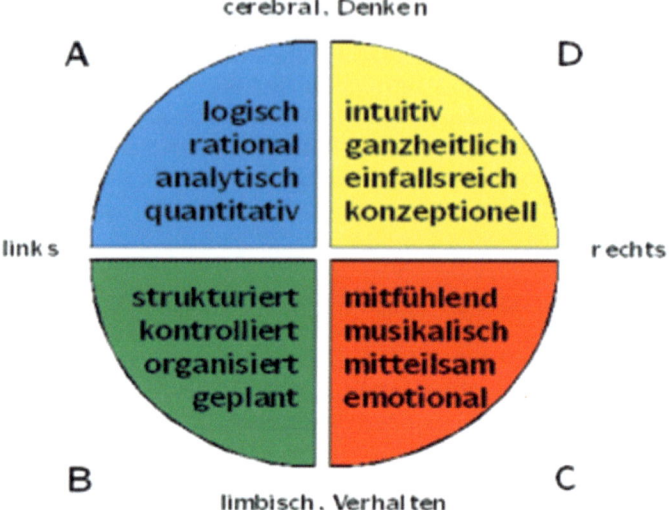

Das Herrman Dominanz Modell

cerebral, Denken

A	D
logisch rational analytisch quantitativ	intuitiv ganzheitlich einfallsreich konzeptionell
strukturiert kontrolliert organisiert geplant	mitfühlend musikalisch mitteilsam emotional
B	C

links — rechts

limbisch, Verhalten

Quelle: Herrmann Institut Deutschland, www.hid.de

Das H.D.I. berücksichtigt die beiden bedeutendsten Theorien über Aufbau und Funktionsweise des Gehirns: Die unterschiedlichen Spezialisierungen der beiden Großhirnhälften nach dem Nobelpreisträger Roger Sperry und das dreiteilige Gehirn nach Paul MacLean und verbindet sie zu einem metaphorischen Modell.

Dem H.D.I. liegt kein Konstrukt zugrunde, das z.B. durch die Erhebung bei einer Anzahl anderer Menschen gebildet wurde. Damit wird ein Vergleich mit einer oft nicht ganz durchschaubaren Theorie vermieden. Das führt zu einer Wertfreiheit und erlaubt gleichzeitig den Vergleich mit eigenen Zielen oder mit Anforderungen, die sich z.B. aus einer Aufgabe oder einer beruflichen Position ergeben. Die Vermeidung des Begriffes „Test" unterstreicht diesen sehr wichtigen Sachverhalt. Das H.D.I. ist eine Selbstanalyse – nahezu alle Teilnehmer erleben das Ergebnis als „stimmig". Ned Herrmann nennt dies „face validity".

Unsere bevorzugten Denkstile bestimmen sehr stark, wie wir am besten lernen. Wenn wir uns Lernerfahrungen suchen, die „gehirngerecht" sind, sind die Chancen für Erfolg und Spaß beim Lernen viel größer. Reagiert der eine Lerner beispielsweise positiv auf datenorientierten Inhalt oder einen Vorlesungsstil, bevorzugt der andere eher die Übernahme der Initiative oder intuitives Verstehen. Andere wiederum gehen schrittweise vor und benötigen Bücher und Texte. Dann finden sich wieder welche, die eher durch den Austausch von Ideen und viel Gruppenarbeit am besten lernen. Lehr- und Lernmethoden, die diese Vielfalt berücksichtigen und situativ richtig einsetzen, tragen am ehesten dazu bei, dass ein effektiver Lernprozess entsteht und auch bestehen bleibt.

Allgemeine/spezialisierte Lernmethoden

Mängel des Pauklernens

Wiederholungen beziehen notwendigerweise bereits gekonntes Material mit ein. Dadurch gestaltet sich der Zeitaufwand im Verhältnis zum Lernerfolg unökonomisch. Das Überlernen von bekanntem Material langweilt und ist motivationsfeindlich. Vokabeln werden in ihrem zufälligen Zusammenhang mit anderen Vokabeln gelernt, die ihrerseits als Behaltensstütze dienen; wird die Vokabel benötigt, ist sie häufig nicht verfügbar. Das Herausschreiben schwer lernbarer Vokabeln ist sehr zeitaufwendig. Das Vokabelheft gibt keine sichere und schnelle Antwort darauf, welche Vokabeln gekonnt sind und welche nicht. Das Vokabelheft verhindert wegen seines Zwanges zur lähmenden Wiederholung Anpassung an die individuelle Lerngeschwindigkeit und den Lernrhythmus des Schülers. Die Aufzählung könnte beliebig fortgeführt werden. Eine Lösung bietet die ...

Lernkartei

Sie wurde für das Lernen von Vokabeln konzipiert, eignet sich aber auch für das Lernen von mathematischen & naturwissenschaftlichen Formeln, Geschichtsdaten, Definitionen etc.

Funktionsprinzip:

Ein Lern-Kartei-Kasten sollte etwa das Format 11 x 5 x 30 cm haben, der in 5 Fächer unterteilt wird. Längen Fach 1 bis 5: 1, 2, 5, 8, 14 cm. Fach 1 sei vorne. Jede Vokabel und jede Redewendung wird auf je eine Karteikarte geschrieben. Zweckmäßig ist DIN A7 (7,4 x 10,5 cm). Der deutsche Ausdruck oder die Frage wird auf die Vorderseite geschrieben, auf die Rückseite die Übersetzung oder die Antwort. So legt man sich nach für nach eine Kartei an. Neue Karten werden in Fach 1 gelegt. Gelernt wird folgendermaßen:

- Eine Karte aus Fach i (i sei Nummer des ersten nicht leeren Faches) nehmen; Vorderseite lesen; versuchen, sich an Übersetzung/Antwort zu erinnern
- Richtige Antwort gewußt: Karte in Fach i+1 (weiter hinten) legen. Karten des letzten Faches (Fach 5) bleiben dort.
- Falsche Antwort: Richtige Antwort/Übersetzung einprägen; Karte zurück als letzte Karte des Faches i-1 legen. Karten des ersten Faches (Fach 1) bleiben dort.

Mit der nächsten Karte des vordersten gefüllten Faches den Lernprozeß in gleicher Weise fortführen. Eine sinnvolle Pause richtet man ein, wenn ein vorderes Fach völlig leer geworden ist. Ist Fach 5 voll, so überprüft man das Wissen so vieler Karteikarten, bis man wieder genügend Platz hat. Was man immer noch beherrscht hat, kann man bis auf Weiteres erst einmal außerhalb der Kartei weglegen. Vorteilhaft ist das Ordnen nach Sachgebieten, um später gezielt die Vokabeln einiger Themenfelder wiederholen zu können.

Vorzüge der Lernkartei

In lernpsychologischer Hinsicht

• Unmittelbare Lernkontrolle (Feed-back)
• Kurzfristige Erfolgserlebnisse als Verstärker
• Behaltenswirksames Intervalllernen (verteilte Wiederholung)
• Förderung der Konzentrationsfähigkeit durch Anpassung an den individuellen Lernrhythmus.

In lernökonomischer Hinsicht

• Individuelle Gestaltung des Lerntempos und der Anzahl der Wiederholungen
• Vermeidung von Überlernen und nutzlosen Wiederholungen
• Beschränkung der Kontrollwiederholungen erlernten Stoffes auf maximal fünf Wiederholungen; vergessener Stoff wird so oft wie nötig wiederholt
• Billige Herstellung und vielseitige Verwendbarkeit. (Herstellung der Kartei entfällt bei Verwendung von Computern völlig.)

In praktischer Hinsicht

• Karteipäckchen können leicht mitgeführt werden und Wartezeiten in Bahn, Bus oder beim Arzt ökonomisch überwunden werden

• Der Lerneinstieg geschieht immer an der richtigen Stelle, wodurch lästiges Suchen und Überlegen erspart bleiben

• Der Lernvorgang kann beliebig unterbrochen und wieder aufgenommen werden.

Alternativen zur Lernkartei

Falls man sich die Vokabeln in ein Heft abgeschrieben hat, oder falls man ein eigenes Vokabelbuch besitzt, kann man sich die Vokabeln, die man sich schlecht merken kann, mit Bleistift am Rand anstreichen. Diese Striche kann man verschieden dick machen (je dicker, desto schwerer zu lernen). Gerade die dick angestrichenen Vokabeln wiederholt man dann häufiger. Außerdem sollte man die Vokabeln um so häufiger wiederholen, je dicker der Strich ist.

Oft vergisst man eine Vokabel auch wieder leicht, wenn man sie nur mühsam lernen konnte. Die Bleistift-Markierungen bleiben erhalten. Sollte man sich doch einmal sicher sein, eine Vokabel perfekt zu beherrschen, so kann man die Markierung wieder wegradieren. Vor Klassenarbeiten sollte man alle Vokabeln der letzten paar Lektionen sowie sämtliche angestrichenen Vokabeln der letzten Jahre noch einmal wiederholen. Sehr nützlich ist auch ein kurzes erneutes Durchlesen/Durchtesten der Vokabeln des gesamten letzten Jahres oder der gesamten bisherigen Vokabeln zusätzlich zum gesonderten Lernen der markierten Vokabeln vor Klassenarbeiten.

Wichtig ist eine möglichst gute Konzentration beim Lernen. Wenn man voll konzentriert ist, kann man auch die Vokabeln von Jahren innerhalb eines Nachmittages wiederholen. Denn bei voller Konzentration fallen sie einem leichter ein bzw. man lernt vergessene Vokabeln leichter und besser.

SQ3R-Methode

Grundlage aller Lesetechniken. Besonders wichtig ist die „Recite-Phase", z.B. am Ende eines Kapitels überlegen, was darin stand. Hauptvorteil dieser Lesemethode: Spart Zeit, da nicht alles gelesen werden muss. Übersetzt bedeutet SQ3R:

- Survey: Überblick schaffen, vor Beginn durchblättern
- Question: Innere Fragen stellen, Nutzen überlegen, notieren
- Read: Lesen
- Recite: Aufsagen
- Review: Rückschau, notieren

Mnemotechniken

Neue Informationen, die man aufMERKsam aufnimmt, werden mit vorhandenem Wissen, Erinnerungen verknüpft und bekommen dadurch einen Platz in der Lagerhalle unseres Langzeitgedächtnisses zugeteilt. Man könnte sich das so vorstellen, dass alle Informationen in der Halle (= Großhirnrinde) durch Bindfäden verbunden sind. Dieses bunte Wirrwarr aus Fäden verknüpft den Lagerinhalt (= Informationen) miteinander. Diese Verknüpfung nennen wir Assoziation.

Aus der Kombination verschiedener Assoziationen finden wir dann (hoffentlich) die gewünschten Daten. Assoziationen erleichtern das Abrufen- und das Merken von Informationen. So können wir uns zum Beispiel manchmal an eine Überschrift nur dann erinnern, wenn wir uns die Seite im Buch vorstellen und vor uns sehen, wo sie stand (links oben, in der Mitte,...). Die Buchseite ist in dem Fall die Sekundärassoziation (Sekundärinformation), die zufällig mitgespeichert wurde. Sie hilft beim Abrufen von Informationen mit.

Durch Assoziieren wird außerdem die Anzahl der Informationseinheiten verringert. Nehmen wir z.B. die Begriffe Haus und Baum. Wenn wir sie zum Begriff Baumhaus kombinieren, müssen wir uns statt zwei Bildern nur noch eines merken.

Was sind die bekanntesten Formen der Mnemotechniken?

Loci-Systeme

Locus ist griechisch und heißt Ort, Raum. Stellen wir uns also einen sehr gut bekannten Raum vor: die Türe, das Fenster, Tisch, Bett...
Es fällt uns nicht schwer, uns an unsere Wohnung zu erinnern, obwohl wir nie bewusst „gelernt" haben, wie es bei uns aussieht.

Dieser Effekt wird bei den Raumsystemen ausgenützt. Wir stellen uns einen Raum oder auch einen Weg, den wir immer wieder gehen, bildhaft vor und platzieren dort die Gegenstände, die wir uns merken wollen.

Wege eignen sich vor allem deswegen sehr gut, da sie eine bestimmte Reihenfolge vorgeben. Wir beginnen am Anfang von unserem Weg mit dem ersten Begriff und legen an bestimmten Plätzen der Reihe nach unsere Informationen ab. Wir können auch unseren Körper mit Begriffen belegen, ein Stofftier, das Auto, die lästige Tante Anna, ...

Wichtig ist, dass wir uns markante Stellen aussuchen, mit denen wir das, was wir uns merken wollen, verknüpfen. Und je witziger die Orte und Verknüpfungen sind, um so leichter merken wir uns sie. Humor ist nämlich ein nicht zu unterschätzender Merkhelfer. Das Lachen, der Spaß fungiert dabei als positive Sekundärinformation.

Assoziationsübung

Eine einfache Übung zur Steigerung der Assoziationsfähigkeit und der Kreativität ist das bildhafte Verknüpfen mehrerer Begriffe. Diese Vorstellungsbilder sollten so absurd und MERK-WÜRDIG wie möglich sein. Je witziger eine Assoziation ist, desto eher merkt man sie sich.

Verbinden: Die einfachste Möglichkeit der Assoziation liegt darin, die beiden Begriffe räumlich miteinander zu verbinden. Das bedeutet, die Objekte übereinander, nebeneinander, ineinander zu stapeln, z.B.: Affe und Schreibtisch: Der Affe sitzt auf dem Schreibtisch.

Übertreiben: Um dieses Bild nun kreativer zu gestalten, können wir nach Lust und Laune in Größe und Anzahl übertreiben. Also statt einem Affen gleich dreißig auf dem Tisch...

Objekte austauschen: Wir können auch die Funktion eines Objektes auf das andere übertragen. Die Begriffe Semmel und Telefon lassen sich zum Beispiel verknüpfen, indem wir uns ein Telefon vorstellen, deren Wählscheibe aus einer Semmel besteht.

Alle Sinne ansprechen: Je bunter und lebendiger wir uns Bild vorstellen, desto eher wird es uns in Erinnerung bleiben. Deswegen ist es hilfreich, wenn wir uns auch Farben, Geräusche, Tasteindrücke und Gerüche vorstellen.

Personifizieren: Wir können die Begriffe auch zum Leben erwecken und ihnen menschliche Züge geben. Im Beispiel mit Semmel und Telefon können wir ja die Semmel vermenschlichen und selbst telefonieren lassen.

Bewegung: Damit unsere Assoziation noch lebendiger wird, bauen wir auch Bewegung ein. Z. B.: Pferd und Seerose – da können wir uns vorstellen, dass die Seerose auf dem Pferd reitet, Angst hat, runterzufallen,... Wenn wir uns das Ganze als Farbfilm vorstellen, merken wir uns es noch leichter.

Persönliche Verbindungen: Oft gefällt uns ein Bild besonders gut oder wir freuen uns über einen kreativen Einfall. Vielleicht ärgert uns auch eine bestimmte Wortkombination oder beunruhigt uns. In jedem Fall sind Emotionen im Spiel und unser Gedächtnis zusätzlich angeregt.

Grundsätzlich gilt: Alles ist erlaubt und je witziger ein Einfall ist, desto besser. Oft ist die erste Assoziation diejenige, die uns auch als Erstes wieder einfällt. Darum: Immer die erste Assoziation festhalten!

Reihenfolgensysteme

Alphabetsystem: Dabei suchen wir uns zunächst ein Thema aus, z.B.: Tiere, Pflanzen, Menschen, ... Dann suchen wir zu jedem Buchstaben einen Vertreter dieser Gruppe. z.B. A = Affe, B = Bär, ... E= Elefant, usw. Unsere gewünschten Informationen werden nun der Reihe nach mit den Begriffen verknüpft. Wir können jetzt problemlos Punkt 5 abrufen, indem wir überlegen, was wir mit dem Elefanten verbunden haben...

Zahlen: Das Hauptproblem beim Merken von Zahlen ist, dass sie fast ausschließlich unsere logische Denkweise ansprechen.
Aus diesem Grund wurden Techniken entwickelt, die Zahlen für das bildhafte Denken zugänglich machen.
Dabei stellt man sich Ziffern als Bilder vor. Die Form der Ziffer 2 erinnert zum Beispiel an einen Schwan. Beim Formsystem ordnen wir auf diese Art allen Ziffern ein Bild zu. Man kann Ziffern aber auch anders verknüpfen, indem man sie als Haken für Erinnerungen benützt, die mit den Ziffern zusammenhängen. Diese Haken merkt man sich leicht und helfen beim Assoziieren und Bilder machen. Wenn wir uns Haken überlegen, sollten wir zunächst nahe liegende Assoziationen suchen, z.B.: 24 = Weihnachten, 00 = WC, unsere Hausnummer, ein Geburtstag oder anderes Datum, den Anfang einer Telefonnummer. Danach füllen wir die übrig gebliebenen Stellen mithilfe des Formsystems aus.

Andere Methoden, um sich wichtige Ziffern zu merken:

akustisch
Wir erinnern uns an den Rhythmus, die Melodie einer Zahlenfolge. Denken wir an eine Telefonnummer, die wir im Kopf haben. Wir werden sie uns entweder in Einzelziffern (z.B. 5 – 8 – 5 –3 – 4 –7 – 2) oder in Gruppen (585 – 34 – 72) gemerkt haben. Es fällt uns schwerer, die Telefonnummer anders wiederzugeben, als wir gewohnt sind (d.h. in Gruppen statt in Einzelziffern oder umgekehrt). Wir haben uns die Zahlenreihe akustisch gemerkt.

motorisch

Manche Menschen merken sich Telefonnummern über das Muster, das sie auf der Tastatur ergeben.

logisch

In Ziffern lässt sich manchmal eine gewisse mathematische Logik wieder finden. Vielleicht ergeben die Ziffern eine kleine Rechnung (z.B.: 2911 => 2 + 9 = 11) oder eine logische Reihe.
Manche Zahlen merken wir uns auch, weil wir einen bestimmten persönlichen Bezug zu ihnen haben (Hausnummer, Geburtsdatum,...)
Aus vielen kleinen Einzelinformationen lässt sich dann die "merkwürdige" Ziffer rekonstruieren.

Brainbuilding

Vorhandenes Wissen ist ein Haken für neue Informationen, den man zum Assoziieren und Verknüpfen benutzen kann.

Jede Art von Wissen kann auf diesem Weg einmal nützlich werden und deswegen können individuelle Interessen wichtige Lernhelfer sein. Ein Kind, das die Namen von Dinosauriern lernt, kann vielleicht später einmal auf einen davon zurückgreifen, indem es ihn mit einem wichtigen Fachausdruck assoziiert. Jedes Hobby kann so Grundlage für wichtige Assoziationen werden!

Altbekannte Spiele wie

- Memory
- Kofferpacken
- Schach
- Ratespiele (z.B.: Stadt-Land-Fluss)

regen unsere kleinen grauen Zellen besonders an.

Namen und Gesichter

Auch Namen und Gesichter kann man sich mit der Hilfe einiger kleiner Tricks leichter merken. Beim Merken von Namen geht man am besten wie ein Karikaturist vor. Dieser konzentriert sich auf die markanten Details in einem Gesicht und hebt diese besonders hervor.

Genau das machen wir auch, wenn wir ein neues Gesicht sehen:
Wir überlegen uns, was für dieses Gesicht typisch ist und verstärken es. Der zweite Schritt betrifft den Namen der Person. Auch hier überlegen wir

uns, was auffällig ist. Viele Namen lassen sich sehr leicht verbildlichen, wie Schmid oder Baumgartner. Man kann auch nach ähnlichen Begriffen suchen oder nach Wörtern, die sich reimen oder an die das Wort erinnert. Der Name Alexander erinnert z.B. an eine Axt, bei Clara können wir an einen klaren See denken.

Bei Fremdwörtern und Fachausdrücken kann man genauso vorgehen. Wichtig ist, dass wir „bewusst" wahrnehmen, indem wir uns das Gesicht und den Namen genau ansehen und nach möglichst verrückten Assoziationen suchen. Wichtig ist auch, dass wir das Gelernte anwenden und den Gesprächspartner so bald wie möglich mit seinem Namen anreden und diesen dadurch wiederholen.

ABC-Listen (nach Vera F. Birkenbihl)

Damit gemeint ist eine alphabetische Liste, die dadurch entsteht, dass wir ein „leeres ABC" nehmen (oder schnell anlegen, indem wir am Rand senkrecht die Buchstaben aufschreiben). Dann wandern wir mit den Augen „rauf und runter" und tragen überall dort etwas ein, wo uns was einfällt. Angenommen Sie wollten z.B. testen, wie viele Personen der Zeitgeschichte Ihnen einfallen, wenn Sie mit Ihren Augen 2 Minuten lang über das leere ABC wandern. Versuchen Sie es einmal. Nachnamen mit den entsprechenden Anfangsbuchstaben eintragen reicht.

Es ist relativ leicht, mittels der ABC-Listen eine Art Inventur vorzunehmen. Wichtig dabei – assoziativ denken. Genaugenommen ist die ABC-Liste eine Variante von „Stadt-Land-Fluss", nur mit folgenden Unterschieden:
• Wir spielen senkrecht im Gegensatz zu waagerecht.
• Wir wandern mit den Augen das gesamte ABC „rauf und runter" und tragen überall dort etwas ein, wo uns „zufällig" etwas „zufällt".
• Je geübter wir sind, über ein Thema nachzudenken, desto mehr wird uns dazu ein- oder zufallen.

Mit ABC-Listen lässt sich verblüffend viel anfangen, aber das meiste ergibt sich, wenn man erst einmal damit beginnt. Wenn wir ABC-Listen anlegen, profitieren wir nicht nur durch das SCHREIBEN selbst, sondern wir gewinnen auch viel durch den anschließenden VERGLEICH. Beispiel: Zu Beginn einer Unterrichts- oder Seminareinheit eine ABC-Liste anlegen, um das bereits vorhandene Wissen festzuhalten. Am Ende der Sequenz nochmals eine Liste anlegen. Ein Vergleich der beiden Listen gibt interessante Aufschlüsse über Wissensaneignung bzw. Lernfortschritt.

WORT-Bilder (nach Vera F. Birkenbihl)

Wenn wir Assoziationen zu den einzelnen Buchstaben eines Wortes suchen, das wir untersuchen wollen, dann stehen uns nur die Buchstaben des Begriffes zur Verfügung. Dies ergibt die Möglichkeit einer raschen Inventur: Was denke (weiß) ich zu diesem Thema? Was „sagt mir" dieser Begriff? Das könnte so aussehen:

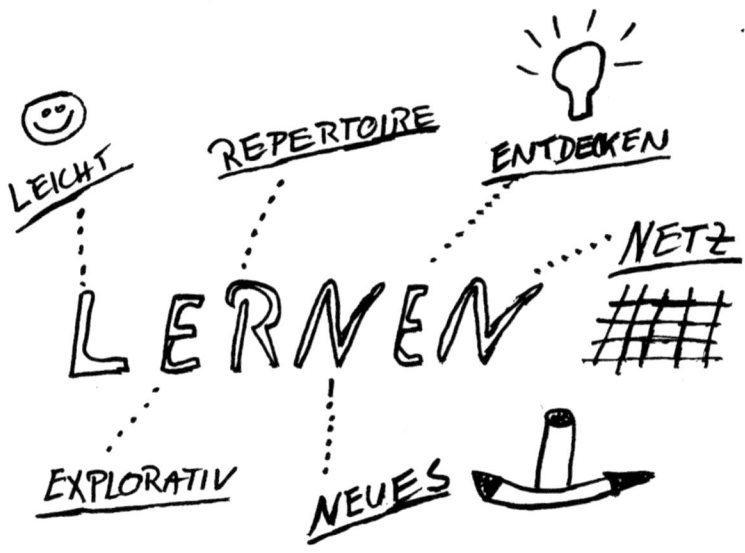

Das Spannende an einem WORT-Bild ist der Prozess: Man betrachtet den Begriff auf dem Papier und sucht geistig nach Assoziationen zu den Buchstaben, aus denen der Schlüsselbegriff auf dem Papier (Bildmitte) steht. Durch die innerliche Frage: Ein Begriff mit ...(z.B. „L") wird eine Art von Kreuzworträtsel-Effekt erzeugt. Dadurch fällt uns mehr ein als bei allgemeinen Notizen. Man muss es erlebt haben, denn man kann es sich nicht so gut vorstellen, wenn man es nicht durchgeführt hat. Meist sind mehrere Versuche notwendig, bis es „greift". Probieren Sie es aus – es lohnt sich.

Superlearning (Losanow-Methode)

Damit Sie für Super-Memory in Form kommen, sollten Sie diese Vorübungen absolvieren:

1. Entspannungsübung mit Affirmationen
2. Innere Beruhigung
3. Erinnern an Lernen mit Freude
4. Atmen im Takt

Beim Herstellen der Verbindung zwischen Bewußtsein und Unterbewußtsein muß man dafür sorgen, daß die geistigen Botschaften das "innere" Bewußtsein erreichen, damit die Anweisungen auch ausgeführt werden können. Wenn Sie sich sagen: "Ich lerne leicht; mein Gedächtnis ist vollkommen", so reicht das allein noch nicht aus, ihr Gedächtnis so zu mobilisieren, daß es diese Leistungen auch wirklich bringt.

Bei der Verständigung mit dem "inneren" Bewußtsein fungiert die Emotion als hilfreiche "Überbringerin" der Botschaft. Rufen Sie sich eine Zeit ins Gedächtnis zurück, in der Sie sich über einen Lernerfolg richtig freuten. Denken Sie an eine Erfahrung, da Ihnen das Lernen Spaß machte, oder an einen Augenblick, in dem Sie eine wirkliche Gedächtnisleistung vollbrachten. Das kann vor kurzer oder längerer Zeit gewesen sein. Vielleicht erinnern Sie sich an jenes Triumphgefühl, als Ihnen das Schlüsselwort einfiel, mit dessen Hilfe Sie ein schwieriges Kreuzworträtsel lösten, oder es fällt Ihnen ein, mit wieviel Vergnügen Sie etwas aus einem Film, einem Fernsehprogramm oder einem Buch lernten. Es kann auch ein Kindheitserlebnis sein - der Tag, an dem Sie zum ersten Mal sicher Fahrrad fuhren - oder eine Schul- oder Universitätserfahrung, die Ihnen gezeigt hat, daß Lernen und Leistung mit Anregung und Freude verbunden sind.

Rufen Sie sich dieses Gefühl des Erfolgserlebnisses ins Bewußtsein zurück. Empfinden Sie die angenehme Lernerfahrung in allen Einzelheiten so vollständig wie möglich nach. Stellen Sie sich noch einmal diese Situation vor, mit allen Einzelheiten. Waren noch andere Leute anwesend? Was für ein Körpergefühl hatten Sie? Erinnern Sie sich, was Sie im Kopf, in den Händen, im Magen spürten. Rufen Sie sich Ihre Gedanken und Ihre Ansichten zurück. Kosten Sie noch einmal Ihren Eifer, Ihren Drang zum Lernen aus. Empfinden Sie das Vergnügen, als Sie gewahr wurden, daß Ihr Verstand und Ihr Gedächtnis mühelos funktionieren. Halten Sie dieses besondere Gefühl fest und lassen Sie es durch sich hindurchströmen, während Sie sich vor einer Superlearn-Sitzung entspannen.

Atemtechnik

Das Ziel dieser Übung ist es, rhythmisch atmen zu lernen und durch die rhythmische Kontrolle der Atmung die psychophysischen Rhythmen zu verlangsamen. Setzen Sie sich bequem in einen Sessel oder legen Sie sich auf eine Couch oder ein Bett. Entspannen Sie sich völlig. Achten Sie darauf, daß alle Körperteile entspannt sind. Schließen Sie die Augen, dann atmen Sie ganz langsam und tief durch die Nase ein.

Atmen Sie so viel Luft ein, wie Ihre Lungen bequem aufnehmen können. Versuchen Sie nun, noch ein bisschen mehr einzuatmen. Dann atmen Sie langsam aus. Fühlen Sie die tiefe Entspannung, während Sie ausatmen. Wenn Sie glauben, daß Ihre Lungen ganz leer sind, pumpen Sie noch etwas mehr Luft heraus. Üben Sie eine kurze Zeit lang diese ganz tiefen Atemzüge. Atmen Sie so viel Luft wie möglich ein. Dehnen Sie Ihren Bauch (nicht die Schultern hochziehen). Atmen Sie langsam aus. Ziehen Sie Ihren Bauch ein. Atmen Sie noch einmal tief ein und nehmen Sie dabei so viel Luft wie möglich auf. Halten Sie die Luft an, während Sie bis drei zählen, und atmen Sie ganz wieder aus. Entspannen Sie sich. Versuchen Sie, die Luft in gleichmäßigen, steten Atemzügen einzuatmen. Versuchen Sie jetzt, rhythmisch zu atmen. Zählen Sie jeweils bis 4, während Sie einatmen, anhalten, ausatmen, pausieren.

Einatmen - 2, 3, 4;
Anhalten - 2, 3, 4;
Ausatmen - 2, 3, 4;
Pause - 2, 3, 4;

Beim Anhalten der Luft ist zu beachten, daß man die Luft nicht krampfhaft anhält. Beim Ausatmen muß die Sperre wieder lockern, was sich meist durch ein leichtes Stöhnen/Ächzen äußert. Stattdessen in einer Bewegung ein- und ausatmen, eben nur langsam und mit einer Pause.

Wiederholen Sie diese Übung viermal.
Entspannen Sie sich. Versuchen Sie jetzt, diesen Atemrhythmus noch mehr zu verlangsamen, indem Sie bis 6 zählen.

Einatmen - 2, 3, 4, 5, 6;
Anhalten - 2, 3, 4, 5, 6;
Ausatmen - 2, 3, 4, 5, 6;
Pause - 2, 3, 4, 5, 6;

Wiederholen Sie diese Übung viermal.
Versuchen Sie jetzt, Ihren Atemrhythmus noch etwas mehr zu verlangsamen, indem Sie bis 8 zählen.

Einatmen - 2, 3, 4, 5, 6, 7, 8;
Anhalten - 2, 3, 4, 5, 6, 7, 8;
Ausatmen - 2, 3, 4, 5, 6, 7, 8;
Pause - 2, 3, 4, 5, 6, 7, 8;

Wiederholen Sie diese Übung viermal.

Diese Atemkontrollübung können Sie täglich ausführen. Dadurch werden die körperlichen und geistigen Abläufe wieder aufeinander abgestimmt (resynchronisiert) und die psychophysischen Rhythmen verlangsamt. Sie sorgt außerdem für eine Stärkung der Lebenskraft im Körper. Mehrere Folgen dieser Atemübung sollten Sie vor einer Superlearn-Sitzung ausgeführt werden, damit die psychophysischen Rhythmen sich optimal verlangsamen. Wenn Sie die vorhergehenden Übungen ausgeführt haben, dann wissen Sie, wie Sie den für das Leben günstigen Zustand des psychophysischen Gleichgewichts am besten erreichen. Um Ihr Gedächtnis optimal nutzen zu können, müssen Sie jetzt nur noch Ihre Atmung mit dem Rhythmus synchronisieren, in dem der Lernstoff während der Sitzung vorgetragen wird.

Die Super-Memory-Sitzung

Vor Beginn der Super-Memory-Sitzung ist es wichtig, den zu lernenden Stoff noch einmal durchzugehen und die Wiederholung so lebendig wie möglich zu gestalten. Sie können ein Spiel oder einen Dialog daraus machen. Für die Sitzung selbst brauchen Sie bloß ein Aufnahmegerät und/oder jemanden, der Ihnen das Material laut vorliest.

Super-Memory-Sitzungen bestehen aus zwei Teilen. Zuerst lesen Sie stumm mit, während der Stoff Ihnen vorgetragen wird. Im zweiten Teil schließen Sie die Augen und bekommen dasselbe Material noch einmal präsentiert, dieses Mal mit Begleitmusik.

Bevor Sie mit dem ersten Teil beginnen, machen Sie Ihre Entspannungsübungen. Nehmen Sie sich etwa fünf Minuten Zeit dazu. Bekräftigen Sie ihr Lernvermögen. Versetzen Sie sich in Gedanken für einen Augenblick an einen ihrer Lieblingsorte in der Natur; empfinden Sie, wie das leichte, befriedigende Gefühl Sie überkommt, das sich einstellt, wenn man einen Lernerfolg hat. Atmen Sie ein paarmal tief ein. Dann beginnen Sie mit dem ersten Teil. Lassen Sie ihr Supermemory-Band laufen oder das Material von jemandem lesen.

Teil I - ohne Musik

Sie brauchen nur zwei Dinge zu tun: Lesen Sie still für sich den Lernstoff, während eine Stimme ihn gleichzeitig rhythmisch vorträgt. Versuchen Sie zweitens, im Rhythmus des Achterzyklus zu atmen. Wie Sie hören, pausiert die Lehrstimme vier Sekunden, rezitiert den Stoff während der nächsten vier Sekunden usw. Atmen Sie in den Pausen aus bzw. ein. Halten Sie die vier Sekunden, in denen das Material vorgetragen wird, den Atem an. Das ist alles, was Sie zu tun haben. Nehmen wir an, ein Lerndurchgang dauert fünfzehn Minuten, dann können Sie bis zu achtzig oder hundert neue Lerneinheiten aufnehmen. Die meisten Menschen beginnen mit vierzig bis fünfzig neuen Einheiten.

Teil II - Musik

Wenn Sie den Stoff einmal durchgenommen haben, legen Sie den Text weg, schirmen das Licht ab, lehnen sich zurück und schließen die Augen. Hören Sie sich den Vortrag genau desselben Materials jetzt noch einmal an, dieses Mal jedoch mit Musik. Geben Sie genau acht, was gesagt wird. Atmen Sie entsprechend dem Vortragsrhythmus: aus- und einatmen während der Pausen, leicht den Atem anhalten, während der Stoff rezitiert wird.

Sie beginnen, mit der Technik vertraut zu werden und versuchen, sich das Material visuell vorzustellen, um das Gedächtnis noch zusätzlich zu unterstützen. Strengen Sie sich aber nicht zu sehr dabei an. Hören Sie nur auf die Worte, atmen Sie, und lassen Sie die Vorstellung vor ihrem inneren Auge vorüberziehen. Die meisten Leute veranstalten nach der Sitzung mit sich selbst ein kurzes Quiz als eine Art "Feedback", um den Kurs besser verfolgen zu können.

Wenn Sie etwas vergessen haben, können Sie es ins nächste Programm mit hineinnehmen. Es ist wichtig, daß Sie den neu gelernten Stoff während der nächsten paar Tage anwenden, um ihn sich wirklich anzueignen. Vergessen Sie nicht, daß Superlearning einen Schneeballeffekt hat. Geben Sie nicht auf, bevor Sie das System nicht wenigstens einige Tage lang ausprobiert haben. Auch das Lernen will gelernt sein, und wie jede andere Fertigkeit kann man es mit der Zeit immer besser, leichter und schneller.

So sollten Sie zum Beispiel in der siebten Sitzung mehr lernen können als in der ersten. Wenn Sie einmal gelernt haben, wie man lernt, werden Sie vermutlich merken, daß Sie eine Lektion nur einige Male hören müssen, um sie zu behalten. Im Unterschied zu anderen Lernformen ist das Superlearning bereits an sich wohltuend. Es fördert Ihre Gesundheit und befreit Sie von innerem Druck, indem Sie sich nur entspannen und der Musik zuhören. Manche Leute, die monate- oder gar jahrelang diese Super-Memory-Sitzungen abgehalten haben, berichten, daß Sie ein annähernd fotografisches Gedächtnis erwerben konnten und nur einen kurzen Blick auf eine Buchseite zu werfen brauchen, um deren Inhalt zu erfassen.

Das Material für die Super-Memory-Sitzung

Jede Art von reinem Lernstoff ist für das Programm geeignet. Der erste Schritt ist die musikalische Aufnahme. Wenn Sie nicht mit einem Bekannten, sondern allein lernen, müssen Sie fünfzehn bis zwanzig Minuten der richtigen "Erinnerungsmusik" zusammenstellen. Wenn Sie eine solche Aufnahme einmal besitzen, können Sie es immer wieder verwenden und ganz verschiedene Stoffe mit seiner Hilfe lernen. Von folgenden Musikern gibt es geeignete Stücke:

Es sollten Musikstücke gewählt werden, die im allgemeinen einen Vierviertel- oder Dreivierteltakt mit einem ruhig-gemessenem Tempo von etwa sechzig Schlägen pro Minute aufweisen. Wählen Sie der Abwechslung halber Stücke mit verschiedener Instrumentierung (Violine, Cembalo, Flöte, Mandoline, Gitarre) und in verschiedener Tonart, Dur oder Moll. Diese langsame, feierliche Musik wird beim Superlearning verwendet, um den Zustand entspannter Konzentration aufrechtzuerhalten. Während der letzten zwei Minuten können Sie eine schnelle, lebhaftere Musik - Allegro-Sätze - spielen, damit Ihnen der Übergang von der Tiefentspannung zum "Normalzustand" leichter fällt.

Schalten Sie auf niedrige Lautstärke, damit die Musik den Text, den Sie lesen, nicht übertönt. Wenn Sie sich Ihr Programm selbst zusammenstellen und dafür langsame Sätze aus den Konzerten verschiedener Barockkomponisten auswählen, brauchen Sie nur darauf zu achten, daß diese ein Tempo von ungefähr sechzig Schlägen pro Minute aufweisen. Verwenden Sie möglichst keine andere Art von Musik. Diese spezielle Barockmusik wirkt wie ein Mantra und soll einen bestimmten psychophysischen Zustand entspannter Konzentration herbeiführen. Erfahrungsgemäß führt solche Barockmusik mit Streichinstrumenten zu den besten Ergebnissen. Vokalmusik und Choräle sind nicht geeignet, weil der vorgetragene Stoff sonst gegen die Liedtexte ankämpfen muß. Beim Einsatz von Musik mit einem langsamen, steten, monotonen Rhythmus, einer melodischen Struktur, die nicht ablenkt und nicht sofort ins Ohr geht, und bestimmten harmonischen Mustern wurden bisher die besten Resultate erzielt.

Mit der Supermemory-Technik können Sie sich das Faktenwissen eines jeden Gebietes aneignen. Vor allem in der Grundausbildung hat sich Superlearning bewährt. Außerdem wird es Ihnen beim Studium in allen Fächern nützlich sein, in denen man sich zunächst eine Menge fremder Begriffe und Daten merken muß. Darum ist das System für Fremdsprachen geradezu ideal. Aber Superlearning ist nicht nur bei der Aneignung von akademischem Wissen, sondern auch in vielen anderen Bereichen Ihrer Arbeit oder Ihrer Hobbies nützlich.

Lautes Lesen

Superlearning verwendet einen Acht-Sekunden-Zyklus, in dem der Lernstoff in gemächlichen Intervallen gesprochen wird. Stellen Sie sich innerhalb dieses Zyklus zwei Takte von je vier Schlägen oder zwei Zeiteinheiten je von vier Sekunden vor. Jede Sekunde erfolgt ein Schlag.

1   2   3   4   1   2   3   4

Beim Sprechen müssen Sie jeweils eine Informationseinheit in diesem Acht-Sekunden-Zyklus unterbringen. Sie brauchen nicht im Takt der Musik zu sprechen. Sie sollten lediglich darauf achten, daß Sie beim Vortrag mit dem vorgegebenen Zeitmaß auskommen.

Intonation

Erfahrungsgemäß kann man das Interesse der Zuhörer länger aufrecht erhalten wenn man den Tonfall während des Vortrages von einem Zyklus zum anderen ändert. Man verwendet drei Intonationen: die normale Sprechstimme, das leise Flüstern und den Befehlston. Zwischen diesen Dreien wird ständig abgewechselt.

Wenn Sie die Intonation variieren wollen, teilen Sie am besten ihr Material vorher in Dreiergruppen ein, damit Sie während Ihres Vortrags zwischen normaler, leiser und lauter Stimme mühelos abwechseln können. (Versuchen Sie nicht, entsprechend dem Wortsinn zu artikulieren; Form und Inhalt brauchen in diesem Fall nicht übereinzustimmen.) Sobald man sich an die Methode gewöhnt hat, bewältigt man gewöhnlich fünfzig bis hundertfünfzig neue Informationseinheiten pro Sitzung. So könnte man das kleine Einmaleins in einer oder in zwei Sitzungen lernen. Und wenn

Sie zum Beispiel das periodische System der chemischen Elemente lernen wollen, könnten Sie den Stoff so programmieren, daß Sie jeweils Ordnungszahl, Namen und Symbol eines Elements zusammenstellen.

Superlearning mit Kindern

Zu merken für die Super-Memory-Sitzung:

1. Prüfen Sie, ob das Kind sich wirklich entspannen kann und auch die anderen Lernübungen beherrscht.

2. Gestalten Sie die Stoffvermittlung so lebendig wie möglich.

3. Veranlassen Sie das Kind, sich zu entspannen, sein Lernvermögen zu bekräftigen (Affirmationen) und sich einen Augenblick intensiv vorzustellen, wie schön erfolgreiches Lernen sein kann.

4. Tragen Sie das Material im richtigen Tempo vor, während das Kind schweigend mitliest.

5. Lesen Sie das Material noch einmal, dieses Mal mit Musik, während das Kind mit geschlossenen Augen einfach entspannt zuhört.

6. Veranstalten Sie ein Quiz, welches das Kind selbst zensiert.

Erinnerung

Die Erinnerung ist besser

- bei Anfangs- und Endphasen von Lernperioden,
- bei Dingen, die durch Wiederholung, Sinn, Reim usw. assoziiert werden.
- bei Dingen, die aus dem Rahmen fallen oder einmalig sind

Folgerung:

- Lernphasen von etwa 20 - 40 Minuten sind optimal.
- Zwischen den einzelnen Phasen kurze Unterbrechungen einlegen, Entspannungsübungen vornehmen.

Die Erinnerung steigt nach Abschluß der Lerneinheit etwas an (das Gehirn verarbeitet noch einiges, stellt Gedankenverbindungen her), sinkt dann aber stetig. Nach 1 Tag ist noch etwa 20 % vorhanden.

Wiederholungen - Empfehlung:

- Jede Wiederholung muß zu der Zeit erfolgen, wenn die Erinnerung abzufallen beginnt.
- 1. Wiederholung nach 10 Minuten, 10 min Dauer (nach 1-stündiger Lernperiode), vollständige Wiederholung
- 2. Wiederholung nach 1 Tag, 2 - 4 min Dauer
- 3. Wiederholung nach 1 Woche
- 4. Wiederholung nach 1 Monat (dann ist Wissen im Langzeitgedächtnis)

Die erste Wiederholung sollte, vor allem wenn Aufzeichnungen gemacht worden sind, eine ziemlich vollständige Revision der Notizen sein, die durch eine überarbeitete und endgültige Fassung ersetzt werden.

Die zweite, dritte, vierte und weitere Wiederholungen sollten in folgender Weise durchgeführt werden: Ohne die revidierten Notizen anzuschauen, schreiben Sie auf ein Blatt Papier alles auf, woran Sie sich erinnern. Das wird dann anhand der Notizen überprüft, und Korrekturen oder Ergänzungen zum erinnerten Stoff werden angebracht. Bei Aufzeichnungen wie Kurznotizen können – je nach Vorlieben – z.B. die Methoden ABC-Listen, WORT-Bilder oder Mind Mapping genutzt werden. Einer der wichtigsten Aspekte richtiger Wiederholung ist der akkumulative Effekt, den es auf alle Arten des Lernens, Denkens und Erinnerns ausübt.

Wer nicht wiederholt, vergeudet ständig Arbeitsleistung, die er für einen Lernprozeß aufwendet, und nimmt damit schwerwiegende Nachteile in Kauf. Jedesmal, wenn er eine neue Lernperiode beginnt, befindet sich seine Erinnerung an früher erworbenes Wissen auf einem sehr niedrigen Niveau, und die Verknüpfungen, die sich automatisch ergeben, werden verfehlt. Das hat zur Folge, daß sein Verständnis des neuen Stoffes stark eingeschränkt ist, Effizienz und Geschwindigkeit bei der Aufnahme des neuen Stoffes ebenfalls geringer sind.

Dieser fortlaufende negative Prozeß resultiert in einer abwärts gerichteten Spirale und endet schließlich in der verzweifelten Vorstellung, niemals etwas richtig lernen zu können - jedesmal, wenn ein neuer Stoff gelernt wird, ist er alsbald vergessen, und von Mal zu Mal wird die Lust am Lernen geringer. Das Ergebnis ist, daß viele Menschen nach Absolvierung ihrer vorgeschriebenen Examen selten, wenn überhaupt, ein weiterbildendes Buch zur Hand nehmen.

Wenn man das Wiederholen nicht planmäßig durchführt, leidet darunter auch das allgemeine Gedächtnis. Jedes neue Stück Information, das vernachlässigt wird, sinkt unter das Bewußtseinsniveau und ist daher nicht für die Bildung neuer Gedächtnisverbindungen (Netze) verfügbar. Gedächtnis ist ein Prozeß, der auf Verbindungen und Assoziationen basiert. Je weniger Informationen daher im "Erinnerungsspeicher" vorhanden sind, um so geringer ist die Möglichkeit, neue Informationen zu registrieren und zu verknüpfen. Auf der anderen Seite sind die Vorteile für denjenigen, der planmäßig wiederholt, enorm groß. Je mehr er von dem laufend aufgenommenen Wissen bewahrt, um so mehr wird er fähig sein, es zu absorbieren und zu verarbeiten.

Notizen und Aufzeichnungen

Satzförmige Standardnotizen haben folgende Nachteile (z.B. weil sie auch viele Wörter umfassen, die keinen Erinnerungswert haben):

1. Es wird Zeit damit vergeudet, Wörter niederzuschreiben, die keinen Wert für das Gedächtnis haben (geschätzter Aufwand: 90%)

2. Es wird Zeit damit vergeudet, dieselben unnötigen Wörter wieder zu lesen (geschätzter Aufwand: 90%)

3. Es wird Zeit damit vergeudet, nach den Wörtern zu suchen, die Schlüsselfunktion haben, denn sie werden gewöhnlich nicht hervorgehoben und vermischen sich daher mit anderen, für die Erinnerung irrelevanten Wörtern.

4. Die Verbindung zwischen Schlüsselwörtern werden durch trennende Wörter unterbrochen. Wir wissen, daß das Gedächtnis auf Assoziationen beruht. Jede Einfügung von erinnerungsneutralen Wörtern wird daher die Verbindungen lockern.

5. Die Schlüsselwörter werden durch die Einschaltungen zeitlich getrennt. Nachdem man ein Schlüsselwort gelesen hat, wird es mindestens einige Sekunden dauern, bis man zum nächsten Schlüsselwort kommt. Je größer der zeitliche Abstand zwischen den Schlüsselwörtern ist, um so geringer ist die Chance, die korrekte Verknüpfung herzustellen.

6. Die Schlüsselwörter werden räumlich getrennt. Wie beim zeitlichen Abstand gilt: Je größer die Entfernung, um so geringer ist die Chance einer korrekten Verbindung.

Diese Nachteile zu vermeiden, dabei hilft die Arbeitsmethode ...

Mind Mapping

Mind Mapping ist eine kreative Arbeitsmethode, mit der sich Themen übersichtlich strukturieren und systematisch bearbeiten lassen. Ein wesentlicher Vorteil gegenüber herkömmlichen „Mitschrift-Methoden" besteht darin, dass beim Mind Mapping durch die Kombination von Bild- und Textelementen beide Gehirnhälften angesprochen werden und so ihr volles Potential entfalten können.

Sogenannte Mind-Maps (Beispiel siehe Abbildung) unterstützen ihr Gedächtnis, ihre Konzentration, ihre Effektivität, ihren Überblick, ihren Ideenreichtum – und machen dabei noch Spaß. Sie können Mind-Maps bei den kleinsten Alltagsaufgaben und bei höchst komplexen Projekten einsetzen. Die Methode lässt sich sehr leicht erlernen. Probieren Sie es auch. Ein Blatt Papier, das Thema als Schlüsselwort in die Mitte schreiben – und dann staunend das Zusammenwirken der beiden Gehirnhälften mit verfolgen.

Bisher sind wir bei Mitschriften gewohnt, links oben mit dem Schreiben zu beginnen und unsere formulierten Gedanken in linear aneinandergereihten Sätzen aufzuschreiben. Mind-Maps dagegen entstehen immer im Mittelpunkt des Blattes und breiten sich über die gesamte Fläche des Papierbogens aus. Von dem Thema in der Mitte gehen Verzweigungen ab, die das Thema in einzelne Bereiche gliedern und auffächern. Größter Vorteil: Die Gedanken werden nicht linear „eingezwängt", sondern können sich frei entfalten, da Zweige jederzeit angehängt werden können.

78

Ein Mind-Map weist somit vier grundlegende Eigenschaften auf:

1. Der Gegenstand der Aufmerksamkeit kristallisiert sich in einem Zentralbild.
2. Die Hauptthemen des Gegenstands strahlen vom Zentralbild wie Äste aus.
3. Die Äste enthalten Schlüsselbilder oder Schlüsselworte, die auf einer mit dem Zentralbild verbundenen Linie in Druckbuchstaben geschrieben werden. Themen von untergeordneter Bedeutung werden als Zweige, die mit Ästen höheren Niveaus verbunden sind, dargestellt.
4. Die Äste bilden ein Gefüge miteinander verbundener Knotenpunkte.

SelbstBEWUSST lernen

Lernen im Einklang mit sich selbst

Was nichts anderes meint als lernen in bewusster Abstimmung mit dem, was uns in unserem Leben, in unserem Alltag wichtig ist. Übereinstimmung mit unseren Grundüberzeugungen, Werten, persönlichen Zielen. So vorzugehen ist effektiv.

Forschungen haben deutlich gezeigt, dass insbesondere Erwachsene dann leistungs- und lernbereit sind, wenn sie vom Sinn und dem persönlichen Wert ihres Tuns überzeugt sind. Lernen gelingt dann am effektivsten, wenn es in Einklang gebracht werden kann mit persönlichen Überzeugungen, Werten, Einstellungen, Interessen, Zielen. Effektiv lernen setzt voraus, dass Sie vom Sinn und Zweck Ihres Lernens überzeugt sind.

Vorsicht vor Patentlösungen

Wir leben in einer Zeit, in der sich unsere persönlichen, beruflichen, partnerschaftlichen und familiären Lebenssituationen sehr schnell ändern. Ständig sind wir gefordert, uns flexibel auf neue Aufgaben einzustellen. Lernen wird für immer mehr Menschen zu einer bedeutsamen, unverzichtbaren Bewältigungsstrategie, zu einer lebenslangen Aufgabe. Was liegt näher, als sich auf die Suche zu machen nach Methoden und Techniken, von denen wir erwarten, dass sie bei der Bewältigung der vielfältigen Lernaufgaben nützlich sind? Getrieben von der Hoffnung auf Patentrezepte für effizientes Lernen greifen viele zum nächsten Buch, zum nächsten Seminar, zur nächsten CD-ROM. Patentlösungen des Lernens haben Konjunktur!

Alle Augen richten sich auf Effizienz steigernde Lernmethoden. Lernmethoden sind "Werkzeuge", die hilfreich und nützlich sein können. Ebenso wichtig ist jedoch die Entwicklung und Klärung von Maßstäben, die den eigenen Lernprozess steuern, ihn an Zielen ausrichten, die mit der individuellen Lebensphilosophie des Lernenden stimmig sind. Wenn wir darauf verzichten, können wir auch beim Lernen schnell in eine Aktivitätsfalle hineingeraten.

Vielleicht ist die Steigerung der Lerneffizienz gar nicht die Lösung, die wir manchmal suchen oder brauchen. Vielleicht geht es nicht nur darum, das Lerntempo zu beschleunigen, mehr in weniger Zeit zu lernen. Die beste Lerntechnik wird uns auf Dauer wenig weiterhelfen, wenn wir uns nicht vergewissern, was uns persönlich mit Blick auf unser Umfeld, unsere Arbeitssituation, unsere Zukunft, unser Leben wirklich wichtig ist.

"Sinnloses" Lernen

Zahlreiche Studien haben gezeigt, dass Lernen, insbesondere im Erwachsenenalter, eine Aktivität ist, die ihre Energie aus persönlichen Lebenseinstellungen, Werten, Interessen und Zielen bezieht.

Wenn Menschen gegen ihre bewussten oder auch latenten Bedürfnisse, Wertvorstellungen, Interessen und Ziele lernen (sollen), kann das zu Konflikten und Lernschwierigkeiten führen. Lernen wird zu einer bleiernen, aversiven, auch nur halbherzig verfolgten, unbefriedigenden, langweiligen, unproduktiven Angelegenheit.

Lernen fällt leichter und verläuft fließender, wenn es den Lernenden gelingt, Lern-Erwartungen, die von "außen", von anderen Personen an sie gerichtet werden, mit ihren persönlichen Einstellungen, Interessen und Zielen in Einklang zu bringen.

Lernen im Einklang mit sich selbst erfordert, dass die lernende Person eigene Wertvorstellungen und Ziele zum grundlegenden Motor ihres Lernens macht. Dann kann Lernen zu einer "fließenden" Tätigkeit werden, die anspornt, freudig angepackt und ausdauernd durchgehalten wird.

Die Klärung persönlicher Werte und Ziele ist eine zentrale Voraussetzungen, um sich selbst zu motivieren. Selbstmotivierte Menschen handeln nach Sinngebung und mit einem hohen Zielbewusstsein.

Ziele definieren

Ein Mangel an Perspektiven und Sinndefizite gehören wie allgemein im Leben so auch beim Lernen zu den hinderlichen, lähmenden Faktoren.

Wer den Sinn seines Lernens nicht kennt, sich dessen nicht vergewissert, kann für Lernaufgaben kaum motiviert sein. Ein Ziel vor Augen zu haben, spornt an, hilft Lustlosigkeit, Mutlosigkeit, Motivationskrisen zu überwinden.

Wer den Zusammenhang überblickt, in den sein Lernen eingeordnet ist, der kann auch Energie mobilisieren. Ziele verleihen Orientierung, veranlassen über Prioritätensetzungen und die Ausrichtung des eigenen Tuns nachzudenken, Lösungen zu suchen und zu entwickeln, damit die eigenen Energien gezielt und ökonomisch eingesetzt werden können.

Die Orientierung an Zielen ist eine Grundvoraussetzung für Selbstorganisation und Selbststeuerung des eigenen Lernprozesses.

Sich selbst motivieren

SelbstBEWUSSTsein ist die spezifisch menschliche Fähigkeit, über das eigene Verhalten, die eigenen Gefühle, Körperempfindungen, die eigenen Interessen, Wünsche, Absichten, Ziele, das eigene Denken bewusst nachzudenken.

SelbstBEWUSSTheit ermöglicht es uns, innezuhalten, beiseite zu treten und die Art und Weise zu untersuchen, in der wir uns in verschiedenen Situationen unseres alltäglichen Lebens selbst sehen, erleben, bewerten. Wir sind in der Lage uns in einer aktuellen Situation selbst zu beobachten, unsere inneren Prozesse und unsere Reaktionen auf Signale des äußeren Situations-Kontextes bewusst wahrzunehmen. Wir können uns auch gedanklich vergangene, gegenwärtige, zukünftige Situationen vor unser inneres Auge holen, um uns unsere üblichen oder auch wahrscheinlichen inneren Prozesse und Reaktionen zu verdeutlichen. Wir können aus diesen Erkenntnissen der SelbstBEWUSSTmachung Schlüsse ziehen und Vorsätze fassen für unser Verhalten in zukünftigen Situationen.

Die Tatsache, dass wir uns unserer eigenen Gefühle, Stimmungen, unseres eigenen Denkens in jeder Situation bewusst werden und darüber nachdenken, reflektieren können, verdeutlicht, dass wir zur SelbstBEWUSSTheit fähig sind.

Wir können unsere Identität und unsere persönlichen Einfluss- und Kontrollmöglichkeiten gewissermaßen von außen, unter die Lupe nehmen, betrachten und reflektieren. Durch eine Selbstbefragung können wir uns zentrale Aspekte unseres Lebens bewusst machen: wer bin ich, wie fühle ich, was will ich, was möchte ich/was möchte ich nicht, was kann ich, was traue ich mir zu, was kann ich wie beeinflussen/was nicht?

Wir können hinschauen und überprüfen, was uns wann wichtig/nicht wichtig ist, was wir bis wann erreichen wollen, welche Ziele wir wann/wo/mit wem anstreben. Wir können uns verdeutlichen, warum wir etwas tun oder lassen, lernen/oder nicht lernen wollen. Was wir dabei entdecken und uns verdeutlichen, können wir selbstbewusst als Ressource nutzen, damit wir besser, leichter, engagierter, freudiger, mit mehr Spaß und damit mehr Erfolg lernen können.

Wir können ebenso in uns hineinschauen und -hören, um festzustellen ob und wie wir uns selbst mit unserer Art zu denken, zu fühlen, zu handeln beim Lernen im Wege stehen, was uns blockiert, hemmt. Ebenso können wir uns verdeutlichen und klären was uns in unserem äußeren Umfeld beim Lernen stört, hindert, blockiert, ablenkt.

Eine achtsame Selbstbeobachtung kann wertvolle Hinweise für wirkungsvolle Möglichkeiten der Selbstmotivierung und einen ersten Veränderungsschritt liefern.

Nicht alle Elemente eines Systems sind in gleicher Weise relevant für Veränderungen. Ein von Robert Dilts entwickeltes Modell unterscheidet sechs miteinander verwobene Ebenen, die für eine Analyse herangezogen werden können:

Spiritualität
Formt unser Leben und richtet unsere Existenz aus. Kennzeichnend hierfür ist die Frage nach dem Sinn unseres Lebens.

Identität
Gekennzeichnet durch das Wissen und das Bild, das ich von mir habe, durch Werte, die für mich von zentraler Bedeutung sind.

Glaubenssätze und Einstellungen
Leitideen, die ich für wahr halte und die Grundlage meines alltäglichen Handelns sind.

Fähigkeiten
Klassen von Verhaltensweisen, Fertigkeiten, Strategien.

Verhalten
Konkrete Handlungen.

Umwelt
Unsere Umgebung, andere Menschen.

Veränderungen auf niedriger Ebene verursachen nicht notwendig Veränderungen auf höherer Ebene. Eine Umweltveränderung wird selten linear eine Einstellung ändern, Verhalten dagegen schon eher.

Glaubenssätze sind starke Wahrnehmungsfilter und haben einen starken Einfluss auf unser Verhalten. Sie motivieren und formen das, was wir tun. Es ist schwierig, etwas zu lernen, ohne daran zu glauben, dass es angenehm und vorteilhaft sein wird. Solange jemand glaubt, dass etwas unmöglich ist, wird er nie herausfinden, ob es möglich ist oder nicht, weil er es nicht versucht. So können Glaubenssätze zu sich selbst erfüllenden Prophezeiungen werden.

Der beste Weg herauszufinden, wozu Sie fähig sind, ist, so zu tun, als könnten Sie es. Handeln Sie so, „als ob" Sie es können. Was Sie nicht tun können, werden Sie auch nicht ausprobieren. Wenn es wirklich unmöglich ist, machen Sie sich keine Sorgen, das finden Sie schon heraus. Wenn wir unsere Ziele erreichen wollen, kann es daher hilfreich sein sicherzustellen, dass es keine inneren Vorbehalte oder Zweifel (Glaubenssätze, Einstellungen) gibt.

Selbstverständlich ist es auch notwendig, die äußere Ökologie, den äußeren Kontext zu beachten und die Wirkungen zu berücksichtigen, die unsere Ziele auf unser Umfeld und unsere Beziehungen haben.

Und wie gehe ich eigentlich mit meinen Emotionen um? Orientiert an einem amerikanischen Modell (Psychologe John Mayer, Universität New Hampshire), werden drei charakteristische Stile unterschieden, wie Menschen mit ihren eigenen Emotionen umgehen können.

1. Achtsam

Diese Menschen nehmen eigene Stimmungen wahr und zeigen einen kultivierten Umgang mit dem eigenen Gefühlsleben. Sie sind sich ihrer eigenen Emotionen bewusst, was andere Persönlichkeitsmerkmale unterstützen kann: Sie sind autonom und ihrer eigenen Grenzen bewusst, seelisch gesund und haben meistens eine positive Lebenseinstellung. Wenn sie in schlechte Stimmung geraten, grübeln und quälen sie sich nicht damit, und sie kommen schneller davon los. Kurz, ihre Achtsamkeit hilft ihnen, mit ihren Emotionen fertig zu werden.

2. Überwältigt

Diese Menschen fühlen sich oft von ihren Gefühlen überflutet und ihnen hilflos ausgeliefert. Sie sind anfällig für einen sprunghaften Stimmungswechsel. Sie sind der Meinung , dass sie auf ihr Gefühlsleben keinen Einfluss nehmen können und unternehmen daher kaum etwas, um eine schlechte Stimmung loszuwerden.

3. Hinnehmend

Diese Menschen sind sich ihrer Stimmungen bewusst. Sie tendieren dazu, sie hinzunehmen und versuchen nicht, sie zu ändern.

Unschwer zu erkennen, dass insbesondere Typ 1 sich durch SelbstBEWUSSTheit und pro-aktives Handeln auszeichnet. Achtsamkeit scheint eine zentrale Voraussetzung für Emotionskontrolle und damit auch für gezielte Pro-aktivität zu sein.

Zu guter Letzt oder Motivation ist (fast) alles...

„Ein alter Mann wurde jeden Tag von Kindern aus der Nachbarschaft gehänselt und beschimpft.

Eines Tages hatte er eine Idee. Er bot den Kindern einen Euro an, wenn sie am nächsten Tag wiederkämen, um ihn erneut zu ärgern.

Die Kinder kamen, ärgerten den alten Mann und ließen sich, wie zugesagt, einen Euro geben. Und erneut bot der alte Mann an: "Wenn ihr morgen wiederkommt und mich beschimpft, dann gebe ich euch 50 Cent." Die Kinder kamen und verspotteten ihn wieder gegen Bezahlung.

Schließlich forderte der alte Mann sie nochmals auf, ihn am nächsten Tag auch wieder zu beschimpfen. Dieses Mal bot er den Kinder allerdings nur 20 Cent an.

Die Kinder reagierten empört: "Für so wenig Geld wollen wir dich nicht beschimpfen!"

Von diesem Tag an hatte der alte Mann seine Ruhe."

Quellenangaben

Beck, Reinhilde / Birkle, Waltraud, Der LernCoach, Interaktive Medien Verlag, 2004

Birkenbihl, Vera F., Trotzdem LERNEN, GABAL Verlag GmbH, Offenbach, 2004

Correll, Werner, Menschen durchschauen und richtig behandeln, mvg-verlag, Landsberg am Lech, 2001

Herrmann Institut Deutschland, Weinheim, www.hid.de

Kirckhoff, Mogens, Mind Mapping, GABAL Verlag GmbH, 11. Auflage, 1995

Landsiedel, Willy, Studium Generale Kurs „Lernen lernen", Psychologische Beratungsstelle, Uni KL

Leitner, Sebastian, So lernt man lernen, Herder Verlag GmbH Co. KG, Freiburg, 1994

O' Connor, Joseph / Symour, John, Neurolinguistisches Programmieren, Freiburg i.B., 7. Auflage, 1997

Ostrander / Schroeder, Leichter lernen ohne Streß, Superlearning, Scherz-Verlag

Schultz, H. Prof. Dr. Dr.hc., Übungsheft für das autogene Training, Georg Thieme Verlag, Stuttgart, 1969

Spiegel Special, Die Entschlüsselung des Gehirns, 4/2003

Internetquellen, z.B. www.netschool.de

Impulse fürs Leben in Schule, Studium und Beruf

www.lernportal.com